안철수의
착한 분노

도서출판 예문은 본서의 표지에 사용된 이미지 저작권 사용을 교섭하기 위해 노력하였으나, 이미지의 원저작자가 불분명하여 저작권 사용교섭을 마치지 못했습니다. 하지만 앞으로 계속 추적하여 저작권자와 사용계약을 체결할 예정입니다.

일러두기

에니어그램의 성격묘사와 관련한 본서의 내용은 ≪The Wisdom of The Enneagram≫과 이 책의 한국어 번역판을 참조하였음을 밝혀둡니다.

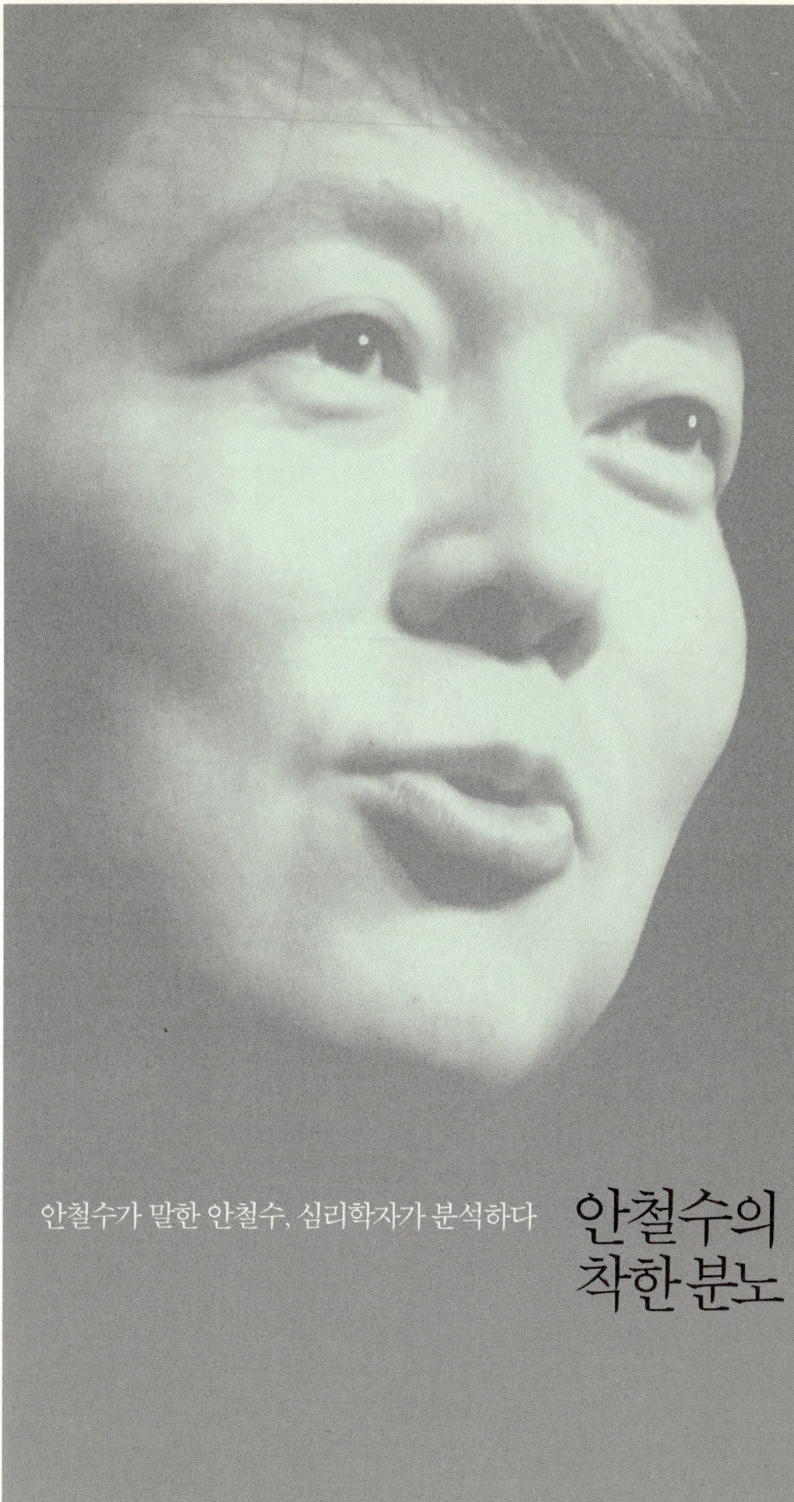

안철수의 착한 분노

안철수가 말한 안철수, 심리학자가 분석하다

이경희 지음

예문 yemun

우리는 안철수를 잘 모른다

안철수에 대한 기사와 그를 조명한 책이 실로 '쏟아져' 나오고 있다. 혹자는 이 책을 보고 '안철수에 관한 또 한 권의 책이 나왔구나'라고 생각할 수도 있다. 그러나 단언하건대, 이 책은 다르다. 안철수에 대한 칭송이나 그에 대한 회고, 그를 통해 무엇을 배우자는 것이 아니다. 무엇보다도 필자가 경계한 것은 '인상 비평'이었다.

아직까지도 안철수에 대한 세간의 비평은 TV쇼 〈무릎팍 도사〉를 통해 비춰진 안철수의 모습에 기반한 것일 뿐, 더 나아가지 못하고 있다. 안철수가 이루어 왔고 표현해온 삶의 행적과 말들은 유감스럽게도 사람들에게 단편적으로 이해될 뿐이다. 지난 9월 서울시장 출마를 선언하며 그가 정치참여 의사를 드러낸 후로는 안철수에 대한 대중의 관심과 논의가 더 가

중되었다. 지금도 가타부타 명확한 속내를 나타내지 않는 안철수의 행보에 대해 막연한 기대 혹은 억측이 이어지고 있다. 그러나 언론 등에 나타난 안철수에 대한 대부분의 분석폭은 분석자의 개인적 견해 범위를 크게 벗어나지 못했다.

꽤 오랜 기간 유명세를 이어왔지만, 이제까지 안철수는 어디까지나 회사를 경영하는 기업인 그리고 학생을 가르치는 교수였기에 연예인이나 정치인처럼 어떤 목적하에 자신을 드러낼 필요가 없었다. 그 때문에 안철수를 입체적으로 분석하는 것은 쉽지 않은 일이다. 안철수에 관한 많은 글이 인상 비평 수준에 머무는 것은 아마도 그런 까닭일 것이다.

필자 역시 안철수에 대해 기대와 호기심을 가지고 있었지만, 바로 위와 같은 이유로 초기에는 다각적 이해가 어려웠다. 그러던 중 심리상담과 기업교육 등에서 전문적인 도구로 활용하는 심리학적 성격분석의 틀, 에니어그램에서 분석의 핵심을 찾을 수 있었다. 안철수의 저서와 그에 관한 묘사, 각종 강연과 인터뷰 등을 접하는 과정에서 그가 에니어그램에서 묘사하는 '평화주의자 유형'에 90% 이상 맞아떨어진다는 사실을 발견했던 것이다. 더욱 흥미로운 것은 평화주의자가 진화한 결과인 '성취하는 사람 유형'과도 일치하는 부분이었다. 그는 전형적이면서도 (그 유형 내에서 보여줄 수 있는) 가장 성숙한 모습을 보여주고 있었다.

그리고 이제까지 안철수가 보여준 행동과 공개적으로 말해온 모든 것(언론, 저서, 강연 등)을 에니어그램을 이용해 분석한 결과, 그간의 행보가 마치 퍼즐처럼 맞추어졌다. 비로소 그의 심리패턴을 이해할 수 있었고, 안철수가 보여온 드라마틱한 변화에 시종 일관된 키워드가 존재했음을 깨달을 수 있었다.

어쩌면 그의 인생을 수식한다고도 할 수 있는 그 키워드는 이 책의 제목이기도 한 '착한 분노'와, '치료자 본능'이었다. 특히 안철수의 분노는 평소 그가 보여온 이미지와 정반대라는 데서 주목할 만하다. 그는 사적으로는 절대 화를 내지 않는 사람이다. 그러나 사람들에게 고통을 안겨주는 '공적'인 비상식과 불합리에 대해서는 강력한 분노를 품고 있으며, 이를 직간접적으로 드러내왔다. (우리가 이 착한 분노에 주의하지 않았을 뿐이다.) 이러한 공적인 분노는 중요한 터닝 포인트마다 그를 움직이는 가장 큰 힘으로 작용했다.

한편 안철수가 보여주는 평화주의자적 유형은 외부의 영향보다는 내면의 확신을 훨씬 중요하게 여기는 타입이다. 준비가 90% 이상 되었더라도, 또 주변에서 어떤 말을 하더라도, 자기 확신에 도달하지 않으면 움직이지 않는다. 내적 임계치가 반드시 필요한 유형인 것이다. (이외에도 여러 특성을 살펴볼 것이다.)

이상의 점들을 이해하지 못하면 결코 안철수에 관해 유효한 분석을 해낼 수가 없다. 분명 그는 이제껏 우리가 쉽게 보지 못한 유형의 인물이며(특히 정치계에서는 한 번도 없었던), 정치역학적으로 설명할 수 있는 경우가 아니다. 그런 접근을 하면 할수록 그에 대한 올바른 이해에서 멀어지게 된다.

여러 권의 저서가 있으나, 아무리 자기 자신에 대한 이야기를 하더라도 본인의 내적 성향까지 일일이 들춰가며 말하지는 않는 법이다. 더군다나 안철수라면 '나는 이런 심리패턴을 가졌다'고 말할 리 없다. 더불어, 만에 하나 안철수가 정치에 본격적으로 참여한다면 우리는 그의 '이미지'가 아닌 '이면'을 읽어야만 한다.

이 책은 에니어그램에 기초해 안철수를 분석하고, 그의 인생을 관통하는 몇 가지 키워드와 심리패턴을 밝혀냈다. 이를 통해 우리가 미처 몰랐던 안철수, 안철수조차 말하지 않는 안철수를 알 수 있을 것이다. 막연한 기대나 억측을 끝내고 '안철수는 진실로 어떤 인물이며, 그는 왜, 어디로 가는가'에 관한 합리적 판단에 도움이 되리라 생각한다.

이전에는 누구도 하지 않았던 '안철수'에 대한 깊고 선명한 이해의 장으로 여러분을 초대한다.

인간이해의 틀, 에니어그램

이 책에서는 '인간 안철수'에 접근하는 유용하면서도 적절한 도구로 에니어그램을 선택했다. 이를 통해 그를 더욱 깊이 이해하게 될 것이며, 더불어 공감할 수 있게 될 것이다. 본격적으로 안철수의 심리를 들여다보기에 앞서 이 책의 분석 틀인 에니어그램과 9가지 성격유형에 대해 간단히 살펴보자.

성격이나 심리적 유형에 따라 사람을 분석하는 데는 여러 시스템과 학문적 접근들이 있다. 뇌의 생리적 기질을 4가지 유형으로 나누어 '기세등등한 도파민 체질', '창조적인 아세틸콜린 체질', '안정적인 가바 체질', '잘 노는 세로토닌 체질'의 유형으로 나누는 시스템이 개발되어 있으며, 기업체 교육에 자주 이용되는 DISC(디스크)와 일반인들도 많이 접하는 MBTI도 있다. DISC는 인간의 성격을 D, I, S, C의 4가지 유형으로 나누어 파악하는 것으로 업무나 조직관리에 유용하게 응용되고 있다. MBTI는 심리학자 칼 융이 1920년대에 발표한 이론에 바탕을 둔 시스템으로 16가지로 성격유형을 분류한다. 이외에 또 한 가지 빠뜨릴 수 없는 성격 분류법이 있으니 그것이 바로 에니어그램이다.

에니어그램(Enneagram)은 그리스어로 9를 뜻하는 에니어(ennear)와 점·선·도형 등을 뜻하는 그라모스(grammos)를 합친 말로, 9가지 인간유형과 그 연관성을 표현한 기하학적 도형을 의미한다. 말 그대로 사람을 9가지 성격으로 분류하는 성격유형지표이자, 고대의 지혜와 현대 심리학이 결합되어 진화해온 인간이해의 틀이다.

에니어그램의 기원에 대해서는 여러 가지 이견이 있으나, 대체적으로는 피타고라스와 신(新) 플라톤학파로 여겨진다. 기원전 100년경 발생해 그리스와 러시아의 동방정교회(서기 500년경), 이슬람교 수피즘(14~15세기)을 거치며 구전되다가 20세기 초 조지 아바노비치 구르지예프에 의해 서구에 알려지며 꽃을 피웠다. 이후 에니어그램과 인격형성론을 연구한 오스카 이카조를 거쳐, 1970년대 정신과 의사 클라우디오 나란조에 의해 미국으로 유입되며 급속도로 알려졌다. 그는 에니어그램과 현대 심리학 사이의 연관성을 밝혀냈는데, 오늘날 우리가 흔히 접하는 에니어그램은 리소와 허드슨이 과학적인 체계로 정리한 것이다. 제너럴모터스, AT&T 등 미국기업에서 신입사원 등용과 인사관리 등에 활용돼 탁월한 효과를 보며 크게 확산되었고, 근래에는 국내에서도 일반 심리상담은 물론 기업인재교육과 학교 현장, 종교 분야 등에서 광범위하게 이용되는 추세이다.

다양한 시각에서 활용할 수 있는 여러 분석체계가 있지만 그중에서도 필자가 에니어그램을 선택한 데는 3가지 이유가 있다. 첫째, 수천 년의 역사를 가지고 있으며, 긴 역사만큼이나 지속적인 시스템적 진화가 있었기 때문이다. 결국 성격 유형론은 세밀한 관찰의 결과이기도 하다. 그러한 관찰과 실제 적용의 시간과 경험치가 많다는 것은 그만큼 체계가 잘 잡혀왔다는 말이다.

둘째, 단순히 성격유형만이 아니라 '인간 그 자체'에 깊은 관심이 있는 시스템이기 때문이다. 에니어그램은 "우리가 우리의 성격 이상의 존재"라고 말한다. 그리고 성격을 넘어선 인간의 본질에 관해서 이야기한다. 단지 성격유형만 분류하고 끝나는 것이 아니라 한 인간존재로서 자신을 그리고 자신의 삶을 어떻게 더욱 완성해나갈 것이냐에 집중한다.

셋째, 전승되어온 지혜가 현대 심리학 등을 통해 더욱 정밀하게 재정립되었기 때문이다. 매시대 인간은 새로운 지식과 지혜를 쌓아왔다. 과거의 것은 무시해서도 안 되지만 무조건

추종해서도 안 된다. 그런 면에서 에니어그램은 과거의 것을 잘 사용하며 동시에 현대의 것을 잘 접목한 경우라 할 수 있다.

에니어그램으로 본
9가지 성격유형

에니어그램으로 본 안철수는 타고난 '평화주의자(The Peacemaker)', 즉 9번 유형이다. 그리고 성격유형의 미성숙한 요소를 거의 모두 성숙화 시킨 '성숙한 평화주의자'이며, 이에서 한 발짝 더 나아가 자신의 성격유형을 통합 발전하여 건강한 '성취하는 사람(The Achiever)', 즉 3번 유형으로 진화한 경우이다. 이처럼 성격이 한 가지 유형에 머무르지 않고 진화하는 것은 인간이 단선적이고 평면적인 존재가 아니라 다면적이고 입체적인 존재이기 때문이다. 흥미롭게도 1번에서 9번까지 성격유형은 평화주의자가 성취하는 사람이 되듯이 각각 다른 유형의 건강한 모습을 통합 진화한다. 무지개의 색깔이 빨주노초파남보 7가지 색으로 순차적으로 변하여 서로 연관성을 갖듯이 우리의 9가지 성격유형도 서로 연결되어 있다. 각 성격 안에서 미성숙과 성숙의 차이가 있을 뿐만 아니라 한 성격유형이 성숙에서 더욱 발전하여 통합으로 나아가기도 하며, 반대로 가기도 한다. 또 내가 만나는 이들, 내가 상대하는 이들의 성격유형을 잘 알면 알수록 서로 더욱 잘 이해하고 깊은 관계를 맺게 될 가능성이 커진다.

본격적으로 안철수와 그가 속한 유형에 대한 흥미로운 이야기를 시작하기 전에, 그 도구로 사용되는 에니어그램의 성격유형 시스템에 대해 간단히 알아보도록 하자. '나는 어느 유형에 가까울까?' 혹은 '내가 아는 누구는 어떤 유형일지 궁금한데?' 등의 가벼운 마음으로 보면 좋다.

에니어그램의 성격유형은 우선 크게 3가지로 나뉜다. 그 세 영역에서 다시 3가지가 나누어져 총 9가지가 된 것이다.

첫 번째는 '본능 중심'의 유형이다. (8번, 9번, 1번 유형) '장형'이라고도 한다. 현재 중심적으로, 주된 관심사는 '자아의 느낌'을 유지하는 것이며 이를 위해 환경에 대해 저항하거나 환경을 통제하는 특성이 있다. 즉, 독립성을 강하게 추구하는 스타일이다. 이들의 의식 저변에서 주요하게 영향을 미치며 작용하는 감정은 분노이다. 자신의 본능, 생명력의 근원, 힘에 이끌린다.

● 도전하는 사람/ The Challenger/ 8번 유형
힘이 있으면 남을 지배하는 유형. 자신감과 결단력이 있으며, 고집스럽고, 사람들과 맞서기를 좋아한다. 놀라운 의지력과 활동력을 가지고 있으며, 외부로부터 해를 입거나 통제당

하는 것, 무시당하는 것을 극도로 싫어한다. 다른 어떤 유형보다도 독립적이며, 에니어그램의 성격유형 중 가장 거친 유형에 속한다. 주인의식이 요구될 때 가장 일을 잘한다.

대표적 인물: 나폴레옹, 프랭클린 루스벨트, 이성계

● 평화주의자/ The Peacemaker/ 9번 유형

느긋하며 남들 앞에 나서지 않으려는 유형. 수용적이고 남에게 위안을 주며, 동의를 잘하고, 자신에게 만족한다. 다른 어떤 유형보다도 스스로와 다른 사람들을 위해 평화를 추구하려고 애쓰며, 특히 마음의 평화를 위해 노력한다. 대립과 스트레스·외적 영향으로 떠밀리듯 행동하게 되는 것을 싫어하며, 결정이나 변화에 있어 무엇보다도 자기 확신이 중요하다. 일할 때는 협동과 친절을 중시한다.

대표적 인물: 링컨, 칼 융, 세종대왕, 안철수

● 개혁가/ The Reformer/ 1번 유형

이성적이고 이상적인 유형. 원칙적이고 목표가 분명하며, 자신을 잘 통제하고, 완벽주의 기질이 있다. 어떤 '사명'이 있다고 여기며, 희생을 치르고서라도 높은 이상을 실현하기 위해 노력하는 형이다. 완벽해지기 위해 자신을 괴롭힌다.

대표적 인물: 대처, 노암 촘스키, 정조, 노무현

두 번째는 '감정 중심'의 유형이다. (2번, 3번, 4번 유형) '가슴형'이라고도 한다. 과거 중심적으로, 주된 관심사는 '자아 이미지'이며 인간관계를 중요시하고 타인에게 인정과 사랑을 받기를 원한다. 이들의 의식 저변에서 주요하게 영향을 미치며 작용하는 감정은 수치심이다. 이들은 '개인적인 정체성'을 유지하는 것이 중요하며 그를 위해 '거짓된 자아 이미지'에 집착할 수도 있다.

● 돕고자 하는 사람/ The Helper/ 2번 유형

사람들을 잘 돌보고, 잘 교류하는 유형. 관대하고 자신의 감정을 잘 드러내며, 사람들을 즐겁게 해주고, 소유욕이 강하다. 이들은 사랑·친밀함·가족·우정같이 실제 삶에서 기분 좋게 느껴지는 것들에 많은 관심을 쏟는다. 관대하고 사려가 깊다. 그러나 때로 자만심이나 자신의 감정적 필요를 충족시키기 위해 남을 조종하려는 경향이 있을 수 있다. 자신의 가치를 인정받을 때 가장 일을 잘한다.

대표적 인물: 나이팅게일, 테레사 수녀, 슈바이처, 방정환, 김제동

● 성취하는 사람/ The Achiever/ 3번 유형

성공지향적이며 실용적인 유형. 적응을 잘하고, 뛰어나며, 자신의 이미지에 관심이 많다. 이들은 자신의 삶이 (사회적 영

역에서 정의되는) 성공적이기를 원한다. 목표지향적이 되기 쉽고, 남들이 가치 있다고 여기는 활동을 잘 인식한다. 능력과 효율을 좋아하며, 자신이 아무 가치 없는 존재가 되는 것을 두려워한다.

대표적 인물: 케네디, 빌 클린턴, 오프라 윈프리, 마돈나, 박원순

● 개인주의자/ The Individualist/ 4번 유형

낭만주의자라고도 한다. 민감하고 안으로 움츠러드는 유형. 표현력이 있고, 극적이며, 자신의 내면에 빠져 변덕스럽다. 자신은 다른 사람들과 기본적으로 다르며, 자신에게는 특별한 재능과 특별한 결함이 동시에 존재한다고 생각하고 누구도 자신을 이해하지 못한다고 느낀다. 그러면서도 동시에 타인과 깊은 관계 맺기를 원하며, 감정을 기초로 자신의 정체성을 만들어나가는 경향이 있다.

대표적 인물: 노자, 고흐, 밥 딜런, 에드가 알렌 포, 김어준

세 번째는 '사고 중심'의 유형이다. (5번, 6번, 7번 유형) '머리형'이라고도 한다. 주된 관심사는 객관적 이치와 정보수집이며 '안전'을 추구한다. 이들의 의식 저변에서 주요하게 영향을 미치며 작용하는 감정은 '두려움'으로, 이 유형은 내면에서 '안내와 지원에 대한 느낌'을 찾는 것이 중요하다. 안

전하다는 느낌이 드는 일을 하려고 하며, 주로 전략과 신념을
중히 여긴다.

● 탐구자/ The Investigator/ 5번 유형

이지적인 유형. 지각력이 있고, 창의적이며, 혼자 떨어져 있
기를 좋아하고, 자신의 마음을 잘 드러내지 않는다. 이들은
우주, 동식물계는 물론이고 내면세계까지 모든 세계가 어떻
게 움직이는지 알고 싶어 한다. 의견이나 학설은 그대로 받
아들이지 않으며, 나름대로 검증해봐야 한다고 생각한다. 5
번 유형이 모두 학자가 되는 것은 아니며, 로큰롤 · 클래식 ·
괴기소설 · 자동차 등 전 분야에 걸쳐 무엇이든 자신이 탐구
하고 통달할 수 있는 분야에 열중한다.

대표적 인물: 석가모니, 에디슨, 팀 버튼, 잡스, 정약용, 박경철

● 충실한 사람/ The Loyalist/ 6번 유형

헌신적인 사람이라고도 한다. 충실하고 안전을 추구하는 유
형. 책임감 있고, 의심과 불안이 많고, 사람들에게 호감을 준
다. 모든 유형 중에서도 이상 · 체제 · 신념 등에 충실한 사람
들이며 어떤 유형보다도 관계를 오래 지속시킨다. 자기 자
신보다 지역사회나 가족을 보호하는 마음이 더 강하다. 항
상 불안을 의식하고 있으며, 불안을 막을 수 있는 '사회적 안

정'을 구축하는 길을 찾는다. 때문에 매우 보수적일 수도 있으며, 반대로 혁명적일 수도 있다.

대표적인 인물: 공자, 말콤 X, 이순신

● 열정적인 사람/ The Enthusiast/ 7번 유형

늘 바쁘며 재미를 추구하는 유형. 즉흥적이고, 변덕스러우며, 욕심이 많고, 산만하다. 자신이 경험하는 모든 재미있는 것에 대해 어린아이 같은 기대로 가득 차 있으며, 낙천주의와 모험심을 가지고 있다. 대담하고 쾌활하며 자신이 원하는 것을 좇는다. 언뜻 사고형으로 보이지 않지만, 실제로는 늘 생각이 앞서 가는 사람들로 하나의 생각에서 다른 생각으로 재빨리 움직이며, 아이디어가 많고, 깊이 연구하기보다는 무엇을 만들어보는 초기 단계를 좋아한다.

대표적인 인물: 모차르트, 벤자민 프랭클린, 스티븐 스필버그, 한비야

흥미로운 점은 현대 뇌과학에서도 인간의 뇌를 크게 세 영역으로 구분한다는 것이다. 첫째, 가장 깊숙한 곳에 있는 근 뇌는 본능의 뇌이다(본능 중심, 장형). 파충류의 뇌라고도 한다. 인간이 가진 가장 본능적인 모든 반응과 기능이 들어 있다. 둘째, 가운데 위치한 변연계는 감정의 뇌이다(감정 중심, 가슴형). 그리고 마지막으로 가장 바깥영역인 대뇌피질은 생

각, 사고의 영역이다(사고 중심, 머리형).

물론 어떤 유형이든 우리의 성격에는 이 3가지 요소가 모두 들어있다. 좀 더 주된 영역의 차이가 있을 뿐, 모두가 이 3가지 요소(본능, 감정, 사고)를 다 사용하며 살아간다.

안철수가 저서를 통해 밝힌 자신의 성격, 그의 성격을 설명해줄 만한 에피소드들, 그리고 평소의 언행으로 미뤄봤을 때 안철수는 전형적인 9번 유형의 '평화주의자'로 볼 수 있다. 평화주의자는 타인과의 공감을 중시하며, 조화를 이루고 평화를 유지하길 원한다. 장형(본능형)에 속하는 타입으로, 겉으로는 잘 드러나지 않는 엄청난 내적 에너지를 가지고 있는 사람들이다. 항상 부드러운 말투로 남에게 화를 내지 않는다는 안철수, 그런 한편으로 일단 마음먹은 일에는 무섭도록 돌진하여 엄청난 변화를 일궈내는 그의 모습은 평화주의자에 정확히 들어맞을 뿐더러 평화주의자의 성격유형을 상세히 모르고서는 이해하기 어려운 일면도 가지고 있다. 그렇다면 지금부터 본격적으로 '타고난 평화주의자' 안철수의 심리상자를 열어보도록 하자.

차례

Part 01

안철수는 왜?
―심리상자 열기

Part 02

안철수의 무엇에 끌리는가
—그저 이미지가 아니다

Part 03

지금 우리에게 필요한 것은
—한국 사회에 대해 그가 말해온 것들

Part 01

안철수는
왜?

심리상자 열기

타고난 평화주의자 유형,
안철수

'솔직하고 가식이 없으나 속을 알 수 없는 사람.' 이것이 안철수에
대한 일반적인 이미지일 것이다. 저작이나 인터뷰, 방송에 등장하
는 안철수는 솔직담백한 인물이지만 그의 행보는 좀처럼 예측 불
가능하다. 인생의 터닝 포인트마다 예상치 못한 변신을 해온 그이
기에 예측 따위 아예 소용없다며 손사래를 치는 사람도 있다.
　그러나 안철수가 속한 평화주의자 유형적 성격을 이해하고 그의
행보와 발언을 분석하면, 그의 인생이 '공익'과 '사회적 책임'이라
는 매우 일관된 방향성을 가지고 이어져 왔음을 알게 된다. 더불어
스스로 인정하는 타당한 동기와 변화 없이는 외부의 영향만으로
움직이지 않으며, 자신만의 '내적 임계치'에 도달해야만 마침내
극적인 변화에 도달하는 성향을 파악할 수 있다. 심지어 필요할 때
에는 스스로 그 임계치에 이르도록 자신을 적극적으로 끌어올리
기도 한다.

　앞에서 이미 보았듯이 성격유형으로서 '평화주의자'의 특징
은 다음과 같은 것들이 있다.

그는 기본적으로 돕는 사람이며 이상주의자이다. 그리고 사람들을 편안하게 해 주는 사람이다. 더불어 화해시키는 사람이며 긍정적인 사람이다. 그를 잘 나타내주는 단어들은 푸근함, 포용력, 수용적, 이해심, 조화이다.

이상은 일반적인 평화주의자의 모습을 이해하기 쉽게 표현해 본 것이다. (다만, 평화주의자라는 말은 에니어그램 9번 유형에 대한 하나의 부분적이고 대표적인 표현일 뿐, 이것으로 전체를 설명할 수 있는 것은 아니다.) 흥미롭게도 '그'의 자리에 '안철수'를 넣으면 마치 애초에 그를 묘사하려 한 문장인 듯 그대로 적용되는 것을 볼 수 있다. 단지 위의 문단뿐 아니라 평화주의자의 성격, 특성에 관한 묘사 대부분이 그러하다.
일반적인 평화주의자에 대한 묘사를 더 살펴보자.

그에게서는 내면의 평화와 안정감이 느껴진다. 그는 타인들의 말에 잘 동의하면서도 또한 자신의 생각과 행동은 고유하게 가진다. 그는 세상에 평화와 치유를 가져오려 한다. 끊임없이 평화, 수용, 친절을 보여주는 것이 그의 본성이다. 가장 성숙하고 건강할 때 그는 항상 침착하며 어떤 것에도 불복하지 않는다. 자신이 세상에 참여하는 것이 불필요하다는 생각에서도 벗어난다. 그는 침착하고 역동적이며 평화롭고 현재에 존재한다. 그는 조화와 화합의 대가이며 갈등 없이 소통하는 것을 우선으로 여긴다. 평소 필요성이 없을 때는 굳이 자신이나 자신의 생각을 주장하지 않지만 필요할 때는 있는 그대로 강하게 주장한다.

내용을 보면 볼수록 마치 안철수에 대한 개인적인 설명이나 분석을 보는 듯한 느낌이다. 에니어그램 각 유형의 특성을 비교해 봐도 안철수가 평화주의자적인 성격유형의 전형임을 확인할 수 있다.

그런데 모든 성격유형에는 미성숙한 상태의 모습과 성숙한 상태의 모습이 있다. 이것은 동전의 양면과 같은 것이다. 빛과 그림자의 관계와도 같다. 사실 각 성격유형은 옳다/그르다 혹은 좋다/싫다, 우등하다/열등하다의 구분이 없다. 그 자체로 하나하나가 모두 삶을 살아가는 데 유용한 '타고난 도구'이다. 그런데 같은 칼이라도 외과의사가 쓰면 사람을 살리는 데 사용되고, 강도가 사용하면 사람을 해치는 도구가 될 수 있다. 그 차이는 바로 성숙과 미성숙에 있다.

그러므로 자신이 어떤 성격유형이든 그것을 탓하거나 원망할 필요가 없다. 미성숙한 부분을 부끄러워하거나 회피할 필요도 없다. 왜냐하면 부끄럽고 미성숙하다고 느껴지는 바로 그것이 삶을 더욱 풍요롭고 행복하게 만들어 줄 나만의 유용한 '도구'이기 때문이다. 다시 말해, 자신이 가장 잘 쓸 수 있기에 그렇게 타고난 것이다. 만약 부족하다 느껴지는 부분이 있다면 얼마든지 새롭게 잘 쓰면 된다. 안철수가 그러했듯이.

앞으로 살펴보겠지만, 안철수는 일찍부터 자신의 성격유형 중 미성숙한 부분을 대부분 성숙한 모습으로 변화시켰다. 따라서 그를 '성숙한 평화주의자'라고 부를 수 있겠다. 이번에는 성숙한 평화주의자에 대한 설명을 보자.

평화주의자 유형의 가장 큰 힘은 엄청난 집중력과 인내심이다. 그는 상대방과 자신을 모두 있는 그대로 인정할 줄 알기에, 자신은 자신의 방식대로 타인들은 그들의 방식대로 나아가도록 허락한다. 그는 자신이 가진 고요한 힘과 끈기를 이용해 일하거나 경쟁할 때면 결코 중간에 멈추지 않는다. 마지막까지 버티고 결국 성취해 내고 이긴다. 그는 '본능 중심' 유형의 중앙에 위치하기에 강력한 파워와 의지력의 화신이기도 하다. 내면의 평정을 바탕으로 나오는 강력한 파워로 인해 살아가면서 겪는 모든 크고 작은 위기에도 좀처럼 그 균형이 흔들리지 않는다. 모두가 불안해하며 과도한 반응을 보일 때도 묵묵히 자신이 해야 할 일을 성취해 나간다. 그는 다른 사람들을 잘 받아들이고 또 지지할 줄 안다. 그러면서도 일방적으로 가르치려 하거나 무조건 도우려 하지 않는다. 그는 타인을 판단하지 않고, 들으며, 존중하고 그들에게 자유를 허락해 준다. 되도록 상황을 긍정적으로 해석하려 하며 타인들에게 공간을 허용해 주기 때문에 사람들은 그를 찾는다. 그러나 필요할 때는 자신의 태도를 분명하게 한다. 사람들은 그를 편안해하며 그를 신뢰한다. 그는 사람들이 서로 다를 수 있음을 허용한다. 그렇게 다양성과 고유성의 관점에서 충돌과 갈등마저 존중하지만 그러한 고통의 상황을 그대로 두지 않는다. 그에게는 그것을 해결할 수 있는 창의적인 해결책을 만들 수 있는 능력이 있다.

다음 장부터는 안철수가 삶을 통해 보여준 성숙한 평화주의자로서의 구체적 모습들을 확인해볼 것이다. 자기 성격유형의 미성숙한 부분들을 거의 모두 진화시킨 성숙한 평화주의자로서 안철수의 모습은, 그가 한 '말'들을 통해서도 드러나지만 대부분 그가 직접 행한 '행위'를 통해 볼 수 있다. 그는 말이 아닌 행동으로 보여주는 사람이기 때문이다.

한 가지 주목할 점이 더 있다. 그는 성숙한 평화주의자일 뿐아니라 건강한 '성취하는 사람(The Achiever)'으로 진화했다. 에니어그램 시스템에서는 3번 유형이다. 모든 성격유형은 자신의 성숙함을 성취하고 나면 자연스럽게 통합방향으로 진화하게 된다. 평화주의자의 모습을 그대로 간직하고 있으면서 동시에 성취하는 사람으로 진화한 안철수의 모습 때문에 사람들은 그를 볼 때 다소 혼란스러워하기도 한다. 이 책을 통해 그의 통합 진화 과정까지 깊숙이 들여다봄으로써 '미처 몰랐던 안철수'를 더욱 잘 이해할 수 있게 될 것이다.

건강한 겸손과
솔직함

2011년 가을, 안철수는 대한민국의 핫 이슈가 되었다. 모두가 '안철수가 달라졌다'며 떠들썩한 기사와 그의 행보에 대한 예상을 쏟아내기 시작한 것은, 안철수가 이전과 달리 자신의 역량에 대해 적극적으로 어필하며 정치참여에 의중을 드러냈기 때문이었다. 정치참여에 대해서는 고사의사를 밝혀오던 이전과는 입장이 완전히 달라진 것이었다. 그러나 안철수의 심리적 성향을 알고, 그가 꾸준히 해온 발언을 분석하면 이것이 이유 없는 변화가 아닌, 평화주의자 유형의 '내적 성숙' 그 연장선에 있는 자연스러운 모습임을 알 수 있다.

진정한 겸손이란 무엇일까? 진정한 겸손은 자기 위축이 아니다. 자기 비하도 물론 아니다. 진정한 겸손은 자신에 대해서 정확히 인식하는 것이며, 필요할 때 있는 그대로의 자신을 잘 아는 것이다. 진정한 겸손은 '나 자신을 있는 그대로 알고 받아들이고 표현하는 것'에서 나온다. 그것은 또한 건강한 겸손이기도 하다. 2011년 10월 서울시장 보궐선거 직전에 있었던 안철수와 〈오마이뉴스〉와의 인터뷰 내용에서 진정한 겸손의 전형을 볼 수 있다.

이 인터뷰 이전의 글이나 인터뷰, 강연에서 안철수는 정치 참여와 관련된 이야기가 나와도 결코 먼저 나서거나 참여하겠다는 말을 하지 않았다. 오히려 자신은 정치와 맞지 않다는 말을 주로 했는데, 그것은 '평화주의자'로서 자연스러운 모습이기도 했다. 그러나 〈오마이뉴스〉와의 인터뷰에서 안철수는 비로소 건강한 겸손을 표현하기 시작한다.

이 인터뷰에서 그는 출마여부를 고민해 왔다며, 본인은 '내부 검증이 중요한 사람'이라고 말한다. 보통 평화주의자는 얼핏 보기엔 타인들의 말이나 외부환경에 순응하는 듯 보인다. 하지만 그것은 되도록 소비적이며 불필요한 갈등상태를 만들지 않으려는 경향성에서 오는 표면적인 모습이다. 내부에서는 자신의 고유한 생각과 결정이 항상 존재한다. 나아가 정말 중요한 부분에서는 자기 내부의 진정한 뜻이나 결심이 아니면 결코 외부의 영향을 그대로 따르지 않는다. '내부 검증의 중요'성은 바로 이것을 표현한 것이다.

그는 자신에게는 모든 일에 적용하는 3가지 판단원칙이 있다고 밝혔다. 첫째, 정말로 의미를 느낄 수 있는 일인가. 둘째,

지속적으로 열정을 가지고 할 수 있는 일인가. 셋째, 그것을 잘 해내서 다른 이들에게 혜택을 줄 수 있을 것인가.

다음은 그에 이어지는 인터뷰 내용이다.

(서울시장 직에) 의미를 느낀 건 옛날부터였다. 그런데 과연 지속적으로 열정을 갖고 할 수 있을까, 내가 잘할 수 있을까의 의문이 있었다. 항상 이렇게 두 가지 의문이 풀리지 않아서 거부했는데 최근 들어서 세 번째가 풀렸다. 행정이 별 게 아니더라. 어떤 분들은 정치논리로 폄하하는 게, 중소기업 해봤으면서 어떻게 저렇게 큰 행정을 하냐고 한다. 그렇게 지적하는 사람은 본인이 '행정능력 내지 경영능력이 없다고 고백한 것'이라고 본다. 나처럼 조직 관리를 해본 사람은 그런 말 들으면 웃는다.

수영하는 사람은 수심 2m나 태평양이나 똑같다. 직원이 300명이 넘어가면 대기업이 된다. 왜 그렇게 분류하나. 300명 정도를 경영하면 3만 명을 경영하는 것과 큰 차이가 없기 때문이다. 나는 500명 이상을 경영해봤다. 조직 관리가 안 될 리 없다. 난 무에서 유를 만들었고 여러 난관을 극복했다. 조직이 잘되기만 했으면 경영 능력 검증이 안 되는데, 한 번 꺾였을 때 그걸 극복하면서 능력이 검증된다. 나는 그걸 했다. 대학교에만 있던 분이나 정치만 하는 분보다는 (내) 능력이 뛰어나다.

경영과 행정은 다르다고들 한다. (이번에) 대학 와서 행정을 해봤다. 물론 대학 행정이 조금 더 쉽지만 대학 행정이나 정부 행정이나 큰 차이는 없을 것이라 생각한다. 대학 행정만 해본 사람은 모르겠지만 나처럼 큰 경영을 한 사람은 안다. (중략) 기업 CEO가 장관·행정직을 맡으면 실패하는 게, CEO는 돈 버는 것에만 관심이 있었기 때문이다. 그러나 나는 공적 개념을 가진 CEO여서 사회 공헌을 생각하며 수익성 있게 경영을 해왔다. 정치만 한 분, 변호사 (등만) 하다가 시정하는 분에 비하면 실력 차이가 하늘과 땅 차이다.

[오마이뉴스] 2011. 9. 5

이상의 인터뷰는, 시기도 그랬지만 그 내용에 있어서도 기존의 안철수의 인터뷰들과 비교하면 상당히 '파격적'인 경우였다. 그렇다고 해서 안철수가 그간 사회에 대한 발언을 해오지 않은 것은 아니다. 오히려 그동안 수많은 글과 강의 그리고 인터뷰에서 사회와 그 구성원들을 향해 해야 할 말을 잘해왔다고 봐야 할 것이다. 사회에 필요하고 도움이 되는 말이라면 혹여 그 말로 인해 자신에게 피해가 갈 수 있는 경우라도 멈추거나 돌려 말하지 않고 발언해 왔다.

일례로 1999년 말, 벤처기업에 대한 무분별한 투자와 기업

행위가 횡행하고 있을 때 "벤처기업의 95%가 망할 것"이라는 솔직한 발언으로 곤란한 상황에 빠지기도 했고, 한국 사회의 고질적인 대기업 위주의 기업환경과 이를 방치하는 정부의 무책임함 등에 대해서도 자신이 받을 수 있는 손해를 무릅쓰고 꾸준히 문제 제기를 해왔다.

다른 점이 있다면, 이전에는 위의 인터뷰에서처럼 본인의 능력과 할 수 있는 일에 대해서 적극적으로 이야기한 적이 없었다는 것이다. 이는 자신이 없어서라기보다는 그럴 필요가 없었기 때문이었다. 자기 능력에 대한 자신감이 분명 있었고 또 실제 그러한 일들을 잘 해내고 있었지만, 굳이 입 밖으로 내 이야기하지는 않았던 것이다.

전에도 정치권에서의 러브콜이나 인터뷰 등에서 정치참여에 대한 질문을 받지 않은 것은 아니다. 그럴 때면 그는 몇 가지 이유를 들어 계속 고사해 왔다. 정치는 자신에게 맞지 않으며 잘할 자신도 없다는 것이 요지로, 이것은 분명 겸손이었다. 그때도 이미 경영과 행정에서 충분히 자격이 될 만한 경험치를 가진 후였기 때문이다. 한 마디로 능력은 준비되었지만, 자신이 나설 때가 아니라고 스스로 생각하기에 "못 한다"고 겸손하게 말한 것이었다.

그러나 스스로 설정한 3가지 원칙 중 마지막 세 번째까지 해결이 되자 드디어 당당하게 나선다. 그리고 자신이 어떤 경험치를 가지고 있으며, 무엇을 해왔고 그러므로 무엇을 할 수 있는지 확실하게 이야기한다. 필자는 이것이야말로 건강하고도 진정한 겸손이라 생각한다.

오늘날 우리 사회에서 가짜 겸손 그리고 강요된 겸손이 얼마나 난무하는지 우리는 잘 알고 있다. 더구나 그 쌍둥이라 할 수 있는 경솔한 교만 또한 부끄러움을 모르고 널리 퍼져 있다. 이 둘은 반대의 것인 듯하지만 사실은 동전의 양면이다. 왜냐하면 둘 다 내면이 건강하지 못한데서 비롯되기 때문이다.

진정한 겸손
그리고 진정성

안철수가 보여주는 건강한 겸손은 바로 "자신을 있는 그대로 알고, 있는 그대로 인정하기"에서 나온다. 이러한 태도는 다음 2가지 문제에 대한 해결책을 제시해 준다. 첫 번째, 자신이 나서지 말아야 할 때 나서는 것 혹은 자신에게 없는 것을 있다고 하는 모순(바로 교만이다)이 사라진다. 두 번째, 충분히 가지고 있음에도 그리고 그 가능성이 있음에도 불구하고 지레 스스로 위축되거나 타인과 외부환경에 의해 위축되는 모습을 없애 준다.

타인이 뭐라 이야기하든 관계없이 스스로 충실히 준비해 왔고 자신이 그것을 할 수 있다는 건강한 '알아차림'이 존재한다면, 때가 왔을 때 그전과 완전히 반대되는 표현이라 할지라도 과감하게 "할 수 있다"고 말할 수 있는 것이 바로 진정한 겸손이다.

이것이 바로 안철수가 보여주는 성숙한 평화주의자로서의 주요 모습이다. 미성숙한 평화주의자는 되도록이면 세상의 직접적인 영향을 받지 않으려 한다. 자신이 지키고자 애쓰는 내면의 평화를 해칠까 두렵기 때문이다. 그러나 성숙한 평화주의자는 내면의 평화란 굳이 찾지 않아도 이미 존재하는 것임을 알기에, 그것을 지키는 데 에너지를 낭비하지 않는다. 그리고 '때가 되었다'고 느끼면 에너지를 외부로 강력하게 분출하기 시작한다. 2011년부터 보이기 시작한 그의 적극적인 발언을 두고 '안철수가 변했다'고 하는 사람이 많지만, 실상 변화가 아닌 내적 성숙이 무르익었기에 나온 발언들이라 봐야 할 것이다.

안철수는 또한 여러 인터뷰와 글에서 솔직하게 자신의 실패나 단점에 대해서 이야기했다. 이 또한 진정한 겸손의 모습이라 할 수 있다. 많은 사람들, 특히 정치인이나 유명인의 경우 자신의 장점만 부각시키려 하며 단점은 좀처럼 이야기하지 않는다. 하지만 안철수는 자신에게 존재하는 단점들까지 솔직하게 이야기해 왔다.

　그는 저서에서 대학 시절 의대 공부가 힘든 나머지 심리적으로 약한 모습을 보였던 것과, 당시의 어려움을 가감 없이 썼다. 그가 쓴 책 ≪CEO 안철수, 영혼이 있는 승부≫에서는 경영상 실수와 실책들에 대해서도 솔직하게 이야기했다. 자신의 성격 때문에 과거 투자나 공격적 경영 정책을 필요한 만큼 적극적으로 하지 못했던 데 관해 털어놓은 것이다. 자신의 부끄러운 부분을 혼자만 알고 고쳐나가는 것은 누구나 할 수 있는 일이지만, 책이나 인터뷰를 통해 공개적으로 상세히 이야기하는 것은 아무나 할 수 없는 행위이다. 이것은 '용기'이다. 이렇게 자신의 단점을 정확히 파악하고 또 밝힐 수 있었기에 그는 누구보다도 자신의 단점을 잘 고쳐왔다.

　그의 이러한 용기는 어디에서 나오는 것일까?

　첫째, 자기 자신을 잘 알고 있기 때문이다. 그리하여 스스로에 대한 헛된 환상이나 자아팽창을 가지지 않는 것이다.

　둘째, 자신의 한계나 유형을 있는 그대로 받아들일 수 있기 때문이다. 그것을 단점으로 여겨서 부끄러워하거나 위축되지 않고, 있는 그대로 인정함으로써 그다음 단계로 나아갈 수 있는 것이다.

　많은 사람이 자신의 단점 혹은 한계를 느끼면 부끄러워하거나 위축돼 버리며, 그것을 받아들이지 못한다. 그래서는 다음 단계로 나아갈 수 없다. 해결과 발전의 단계로 발전할 수 없는 것이다. 이것은 한 개인만이 아니라 조직의 경우도 동일하게 적용되는 부분이다.

우리는 안철수에게서, 얼핏 보기엔 유약하고 우유부단한 듯 보이지만 사실은 거대한 바윗덩이보다도 더 단단하고 확고한 진정한 겸손의 모습, 그 힘을 볼 수 있다.

이것이 가능한 이유는, 그가 이미 자신의 '단점과 부끄러운 부분'을 넘어섰기 때문이라고 말할 수 있다. 그러한 부분으로부터 자유롭기 때문이다. 그가 더는 그런 단점을 가지고 있지 않다는 말이 아니다. 또 자신의 그러한 부분을 무시한다는 것도 아니다. 여전히 가지고 있을 수 있고 또 그 때문에 힘들어할 수도 있다. 다만 단점의 부정적인 영향을 받지 않는다는 것으로, 자신을 부정하거나 위축되지 않는다. 오히려 그러한 약점을 제대로 알고 파악해서, 극복할 수 있는 나름의 방법을 쓰거나 대안을 열심히 마련하고 또 실천한다는 것이다. 그의 삶 전체가 실은 그러한 도전과 성공의 과정이었다 해도 과언이 아니다.

성취하는 사람
유형으로의 진화

성숙한 평화주의자는 그 본성을 유지하면서 동시에 '성취하는 사람' 유형으로 진화한다. 그는 내면의 안정을 획득하기 위해 본래부터 가지고 있던 그 강력한 내적 에너지를 낭비하거나 억제하지 않고 대신 타인과 외부, 사회를 향해서 그 에너지를 분출하기 시작한다. 즉, 구체적이고 적극적인 행동을 통해 자신과 타인과 사회 모두의 성장을 도모하며 뻗어 나가기 시작한다. 안철수의 삶은 이처럼 성취하는 사람으로 진화해 가는 평화주의자의 모습을 선명하게 보여준다.

이번 챕터는 이 책의 가장 핵심이라고 할 수 있으며, 필자가 안철수의 성격유형에 깊은 관심을 가지고 이 책을 쓰게 된 출발점이기도 하다. 그것은 바로 안철수가 타고난 천성인 '(성숙한) 평화주의자'에서 '(건강한) 성취하는 사람'으로 통합 진화했다는 부분이다.

먼저 이 통찰의 근원이 된 에니어그램 체계 내의 '통합 진화' 개념에 대해서 살펴보자. 1번에서 9번까지 나누어진 각 성격유형이, 자신의 유형에서 건강함을 확보한 다음 자연스럽게 본래 유형을 포함하면서(억압하거나 분리하지 않는다는 것이 핵심이다) 오히려 반대이다 싶은 유형으로 통합되고 발전하는 것이다. 이것은 반대의 성격유형으로 변한다는 뜻이 아니다. 자신의 본래 유형 내에서 가장 성숙한 모습을 가지면서, 동시에 다른 성격유형의 건강한 특징까지 가지는 것이다. 인위적인 변화가 아니라 마치 계절이 바뀌는 것과 같은 자연스러운 변화이다.

이것은 어떤 면에선 굉장히 긍정적인 개념이다. 예를 들어 '수줍음'이 기본적인 성격이던 사람이, 어느 순간에 그 수줍음을 건강한 겸손 또는 평온한 성격으로 승화시킨 동시에 모든 사람이 놀랄 정도로 적극적인 성격을 가지게 됐다고 상상해 보라.

그 결과 보통 때에는 수줍음과 고요함으로 자신과 주위 사람을 편안하게 만들며, 동시에 필요할 때면 그 어떤 열정적인 사람보다도 적극적으로 성취해 내는 모습을 보여준다. 이것이 바로 성격유형의 통합 진화로서, 각 유형은 자신의 통합 진화 방향으로 발전하면서 자연스러운 변화의 모습을 보인다.

그럼에도 여전히 궁금하기는 하다. 왜 평화주의자가 하필

이면 성취하는 사람으로 바뀌는 것일까?

평화주의자는
성취하는 사람으로 진화한다

평화주의자는 기본적으로 장형(본능 중심형)이고, 장형은 다른 유형인 가슴형과 머리형들이 지닌 것보다 훨씬 거대한 에너지와 삶의 힘을 보유하고 있다. 그러나 일차적으로 내적 평화를 유지하는 데 너무 집착하다 보니 외부 흐름과 사회의 영향을 직접적으로 받지 않기 위해 움츠러드는 모습을 지니기도 한다. 기본적으로 이것은 내면의 안정을 유지하기 위해서는 적절한 반응이기도 하다. 문제는 이것이 미성숙하게 발현되면 회피나 현실도피 등의 모습으로 나타나기도 한다는 것이다.

그렇다면 평화주의자의 이러한 측면이 성숙하게 발현될 때는 어떤 모습일까? 성숙한 평화주의자는 안정을 지향하는 데 에너지를 낭비하거나, 외부의 영향에 흔들릴까 두려워하지 않는다. 그리고 본연의 강력한 내적 힘을 발휘해 구체적이고 적극적인 행동으로 자신과 타인과 사회 모두의 성장을 위해 뻗어 나가기 시작한다.

안철수의 경우 성장을 위한 구체적 행동은 먼저 '자기 계발'로 나타났다. 그는 없는 시간을 쪼개 전공과 무관한 공부를 파고드는 등 유독 자기 계발에 엄청난 힘을 쏟았다. 동시에 일찍부터 '나' 뿐만 아니라 나를 존재하게 하는 근원인 사회와 타인에 대해서도 같은 마음을 가지고 최대한 '모두가 행복하게 되는' 과정과 결말을 만들기 위해 항상 노력하는 특징을 가지고 있었다.

2011년 10·26 보궐선거에서 서울시장 출마 의사를 밝힌 것은 이러한 자기 진화의 연장선에서 이해할 수 있다. 많은 사람이 안철수의 행보를 두고 '깜짝 등장'이라고 했지만 사실 본인에게 있어서는 갑작스러운 것이 아니었던 것이다. 뒤에서 자세히 살펴보겠지만, 과거 그가 경제는 물론 사회제문제에 대해 했던 발언은 그의 평화주의자적 기질상 수위를 어느 정도 조절했던 것으로 짐작해 볼 수 있다. 이것은 비겁이나 회피가 아니라 평화주의자로서 최대한 불필요한 갈등과 충돌을 만들지 않으려는 자연스러운 모습이다. 그럼에도 그가 해왔던 발언들은 결코 약한 내용이 아니었다. 중기업 규모의 회사를 운영하는 자신보다 훨씬 더 사회적 힘이 큰 대기업 등의 기득권에 집중된 모순에 대한 직설적인 발언('대기업 동물원' 등)들, 그리고 같은 파워 그룹인 정부와 그 정책에 대해서도 거침이 없었다. 본래 그는 평화주의자이지만 자신이 중요하게 여기는 '공익'이란 가치관에 헌신하며 점차 성취하는 사람으로 진화한 결과, 평화에 대한 위협을 감수하고서라도 적극적인 발언과 행보에 나서게 됐던 것이다. 즉, 모두가 행복해지는 최선을 위해 고민한 결과였으리란 것을 짐작할 수 있다. (이러한 진화의 바탕이 된 에너지, 즉 안철수가 가지고 있는 '착한 분노'에 대해서는 뒤에서 자세히 살펴볼 것이다.)

에니어그램에서 말하는 평화주의자의 통합 진화에 대해 조금 더 알아보자. 다음의 글을 참고하기 바란다.

건강한 '성취하는 사람'으로 통합 진화한 평화주의자는 다음과 같은 모습을 보인다. 그는 자신의 본래 가치를 알고 자신을 실현한다. 끝없는 노력으로 자신의 숨은 능력을 발전시키고(자기 계발) 세상과 타인들에게 자신의 능력을 알린다. 통합되면서는 이전의 가장 큰 장애인 나태를 완전히 극복하고 내외적인 힘이 커지는 것을 느낀다. 그러면서 사람들이 점점 자연스럽게 자신을 잘 따르게 되는 것을 경험한다. 그의 진실성(사심 없음)과 성실성, 힘을 알게 되면서 사람들은 그에게서 큰 신뢰를 느끼기 때문이다. 그는 자신이 되찾은 그 본래의 활력을 타인들에게 전해줄 수도 있다. 사람들도 그에게서 힘(삶의 활력)을 받는 것을 느낀다. 이들은 '나의 생각을 주장하면 안 돼' 하는 미성숙의 틀을 격파해서, 이제 필요할 때는 언제든 공격이 아닌 정당한 자기 주장을 자유롭게 한다. 더 이상 환경에 저항하지 않고 유연하고 능숙한 서퍼처럼 현실의 파도를 마음껏 탄다. 이들은 외부적으론 더욱 자유롭게 자신을 주장하고 표현하며 동시에 내부적으론 더 큰 만족, 안정, 평화를 가진다. 이들은 이제 누구보다도 활동적이며 쾌활하다. 본연의 역할을 다해 세상에 평화와 치유를 가져오며 삶에 온전히 뛰어들어 즐기며 자신에 대한 놀라운 것들을 발견한다.

에니어그램으로 안철수를 분석하다 보면 무척 흥미로운 점을 한 가지 발견하게 된다. 잘 알다시피 2011년 10월 서울시장 보궐선거에서 지지율이 50%에 달했던 안철수가 당시 지지율 5%였던 박원순에게 아무 조건 없이 후보자리를 양보하는 초유의 일이 있었다. 안철수가 성숙한 평화주의자였기 때문에 가능한 일이었지만, 여기엔 또 다른 에니어그램적 비밀이 있었다.

박원순은 에니어그램의 성격유형에서 전형적인 3번 '성취하는 사람'이다. 더욱 흥미로운 것은 그도 일찍부터 미성숙에서 성숙으로 진화했으며 나아가 통합 진화의 과정까지 이미 들어와 있는 상태란 점이다. 성취하는 사람이 통합 진화하면 6번 '충실한 사람(The Loyalist)'이 된다. 다른 말로 하면 '헌신적인 사람'이라고도 할 수 있다.

물론 안철수와 박원순의 개인적인 인연, 서로에 대해 느끼는 진실성, 사회 공동체의 행복을 우선으로 하는 가치관, 철학 등이 두 사람 간의 믿음과 신뢰의 기초일 것이다. 그에 더해 우리가 주목할 부분은 박원순의 성취하는 사람 유형이 안철수가 통합 진화하는 방향의 유형이라는 것이다. 이 말은 박원순이 안철수를 안내하거나 지도하는 입장이라는 식의 단순 해석이 아니다. 그보다는 두 사람의 연결성이 핵심으로, 이러한 분석은 둘 사이에 말로 표현되지 않더라도 느낄 수 있는 공통점과 유사성이 있으리란 것을 보여준다. 타고난 유형은 다르지만 공동의 선과 공동의 가치를 공유하며, 서로가 서로를 가르치고 또 배우는 두 사람의 관계는 아주 조화로운 조합이라고 볼 수 있다. 어쩌면 우리는 이 시대에 필요한 두 리더십 모델의 전형을 함께 보고 있는 것인지도 모른다.

통합 진화한
평화주의자의 증거

한편, 성숙한 평화주의자이자 성취주의자로서 안철수의 모습은, 그가 더 이상 안전지대(Safe Zone)에 머무르지 않고 자신의 약한 부분을 극복하려고 의도적으로 긴장이나 위기의식을 유발하는 모습 등에서 더욱 확실하게 드러난다. 또한 미성숙한 평화주의자라면 하지 못할 모질거나 결단력 있는 행동들에서도 그러한 증거를 찾아볼 수 있다.

평화주의자의 내적 요소인 '분노'와 관련해서도 흥미로운 부분들을 엿볼 수 있다. 안철수는 자신의 게으름과 나태를 깨뜨리기 위해, 즉 자신의 에너지를 끌어올리기 위해 도구로써 분노를 사용했다. 그러한 전략이 성공함에 따라 그는 일반적인 성취하는 유형들보다도 더 월등한 성취자가 될 수 있었다. (보통 성취하는 사람들은 그러한 분노의 에너지를 내부에 크게 가지고 있지 않다.) 외부의 영향을 받지 않으려는 미숙한 평화주의자처럼 움츠러들거나 물러서는 행동 패턴을 보이는 대신, 그는 삶의 전체적인 과정에서 자신이 필요하다면 적극적으로 행동을 취하는 모습을 보여줘 왔다. 이런 모습들에서 발전 양상과 관련된 그의 심리패턴을 알아볼 수 있다.

이제 이러한 모습들과 관련한 좀 더 깊고 흥미로운 이야기들을 시작할 것이다. 우선 안철수가 평화주의자적 측면에서의 약점을 스스로 깨뜨리기 위해 그리고 삶 속에서의 성취를 위해 무엇을 어떻게 했는지 볼 것이다. 그중 하나는 의도적인 긴장과 위기의 유발이었다. 또 어떻게 내면의 분노를 활용해 자신을 극복하고 세상을 위한 적극적인 일들을 하게 되었는지, 어떻게 평화주의자와는 정반대되는 행동하는 타입의 성취하는 사람으로까지 발전하게 되었는지 알아보도록 하자.

위기의식은
나의 힘

미성숙한 평화주의자 유형은 나태함, 위협을 느꼈을 때의 위축, 물러서기, 쉽게 나서지 못하거나 얼어붙음 등의 모습을 보일 수 있다. 이에 반해 성숙한 평화주의자는 오히려 이러한 측면들을 능동적으로 이용하여 자신의 한계를 깨뜨린다. 안철수는 아주 일찍부터 자기 유형이 가질 수 있는 단점들을 역이용해 그 중 하나인 게으름을 극복했다. 의도적으로 위기감을 이용한 것은 그러한 방편의 하나였다. 즉, 일부러 자신에게 위기감을 조성함으로써 내적 에너지를 끌어올려 자신이 하고자 하는 일을 성취해냈던 것이다.

평화주의자들은 기본적으로 내적인 안정에 대한 강한 바람을 가지고 있다. 특히 미성숙한 평화주의자는 자신의 내적 안정을 확보하기 위해 여러 가지 미숙한 모습을 보이기도 한다. 남들 앞에 나서지 않으려 하고 세상의 일에 직접 관여하길 꺼리며 영향을 받지 않으려고 하는 것이다. 그것이 자신의 내면의 평화를 깨뜨린다고 잘못 이해하고 있기 때문인데, 자신의 감정, 특히 내부에 존재하는 분노에 대해서도 그러하다.

아이러니한 점은 장형에 해당하는 평화주의자의 내부에 분노가 본래 기질로 존재한다는 것이다. 그러나 내적 안정을 원하고 그래서 외부와도 될 수 있으면 안정적인 관계를 유지하기를 원하기에, 평화주의자 유형 대부분은 자신의 본질적인 분노가 내적 평화를 해칠 것이라 여기고 그것을 모른 척하거나 억압한다. 그러나 그 분노는 그렇게 한다고 없어지는 것이 아니다. 더구나 '영혼의 나태함'을 지니고 있는 평화주의자를 움직이게 하는 에너지가 바로 분노이다. 특히 자신의 생존이나 안정, 자신과 관련된 사람들이나 공동체의 생존과 안정에 위협이 되는 일이 발생할 때 분노는 가장 강력해진다.

안철수는 일찍부터 이러한 내적인 분노를 삶의 도구로 이용했다. ('도구로써 이용하기'라는 개념은 누구라도 자신의 유형을 뛰어넘을 수 있는 비밀이기도 하다. 분노를 이용한 것에 관해서는 다음 장에서 자세히 살펴볼 것이다.) 그는 자신의 본래 기질에서 단점이 될 수 있는 많은 부분을 장점으로 만들거나 뛰어넘었는데, 단점에 빠지거나 매몰되지 않고 오히려 이것을 적극적으로 활용한 덕분이었다.

일례로, 평화주의자 유형의 대표적인 단점이라면 위협에 대한 위축감, 물러남, 쉽게 나서지 못함, 얼어붙음 등이 있다. 안철수는 종종 의도적인 위기감을 유발함으로써 오히려 이런 단점들을 역이용하기도 했다. 그의 저서 ≪CEO 안철수, 영혼이 있는 승부≫ 중 다음 구절을 보자.

나는 어떤 일을 할 때 '이 일을 하면 우리가 좀 더 잘 되겠지'라는 판단기준을 적용하지 않는다. 그런 마인드로 제품을 기획하고 새로운 시장에 접근한 적은 한 번도 없다. 대신 모든 결정에는 '이 일을 하지 않으면 머지않은 장래에 생존을 위협받을 것이다'라는 기준을 적용하였다.

주의해서 봐야 할 부분이 있다. 이때 안철수가 말하는 생존의 위협은 결코 '척'하는 것이 아니며 실제로 위협을 느꼈다는 점이다. 하지만 더 중요한 것은 그 위기감 때문에 위축되거나 쫄거나 물러서거나 망설이지 않았다는 데 있다. 또한 느림, 나태, 게으름 등의 단점과 함께, 자신이 기질적으로 과도하게 위기감을 잘 느낀다는 것을 알고 이러한 단점을 발전에 역이용했다.

대학원 시절의 에피소드는 듣는 사람으로서는 다소 당황스럽기까지 하다. 의학 연구 분야를 선택했는데, 유명한 외국 저널에 논문을 발표해야 인정을 받을 수 있기에 열심히 공부하고 연구했다. 그러던 어느 날 잠자리에 들었을 때 문득 경쟁 상대들은 세계 각국의 실험실에서 열심히 일하고 있으며, 자신이 잠든 중에도 공부하고 있을 거라는 생각이 들어 '초조함에 숨이 막힐 지경'이 되었고 잠을 잘 수 없었다고 한다. 결국 일어나 책을 뒤적였으며 그 후부터는 아예 잠을 줄여서 공부했다는 것이다.

이상의 이야기로 미뤄보면, 안철수가 가진 위기감은 인위적으로 만들어 낸다기보다 오히려 타고난 본성이라고 보는 것이 맞을 듯싶다. 혹자는 이것이 강박 아니면 편집증이 될 수 있지 않을까 생각할 수도 있겠다. 자칫 미성숙하게 대처하거나, 자신의 성향과 성격에 스스로 빠져들어 버리면 그러한 모습이 나타날 수 있다. 그러나 안철수는 일찍부터 그 미성숙한 성향들을 성숙한 것으로 바꾸었다. 자신의 성격유형에 매몰되지 않고 잘 이용해 왔다. 여기서 우리는 안철수가 생각 이상으로 강인하고 단단한 사람이라는 것을 짐작할 수 있다. 더불어 우리 자신 또한 내부에 존재하는 단점을 역이용해 자신을 극복할 수 있으리란 희망을 가지게 된다.

군대에서의 이야기 중에도 이런 특성을 보여주는 것이 있다. 군 생활(군의관) 첫 1년은 다른 사람들과 다를 바 없이 느슨했다. 공부와도 담을 쌓았다. 그런데 세상이 점점 느리게 흘러가는 듯 느껴지기 시작했단다. 군대에 가기 전까지만 해도 급박하던 세상이, 마치 지구가 자전을 멈춘 것처럼 느리게 움직이니 마음도 아주 편안해지고 세상에 걱정할 것이 없는 것 같아 행복하기까지 했다. 그러나 어느 순간 이렇게 살면 안 되겠다는 생각이 번쩍 들었다. 지금 주어진 일에 온 힘을 기울이지 않는 사람은, 다른 일이나 더 나은 환경에서도 최선을 다하지 않을 것이라는 생각(즉, 일종의 위기감)이 그를 움직이게 했던 것이었다.

이런 경향성은 보통 일 중독자들에게서 찾아 볼 수 있다. 그런 경우, 물론 쫓기는 위기감만이 아니라 성취감이라는 긍정적 요소 또한 작용했을 것이다. 그러나 그것을 '도구'로 활용하지 못하고 오히려 그러한 내적 경향성에 매몰되면 삶은 점점 더 힘들고 고통스러워진다. 뭔가 성취를 해도 바로바로 그 다음 성취를 향해 달려가야 하고, 이전의 성취는 본래 그것을 바랐을 때 기대했던 행복을 주지 못하게 된다.

반면 안철수는 타고난 긴장감과 위기의식을 가지고 있었지만, 그것이 자신의 내면 에너지, 즉 평화주의자의 본능 중심적인 에너지를 끌어 올린다는 것을 알고 있었던 듯하다. 위기감에 위축되지 않고 오히려 그것을 동력 삼아 목표를 성취해냈기 때문이다. 여기서 우리는 안철수의 본질적인 장점과 강점을 볼 수 있다. 그것은 그가 '성격 등 타고난 어떤 것을, 그것이 약점이든 강점이든 상관없이 최대한 도구 삼아 이용'하는 데 뛰어난 능력을 지녔다는 점이다.

열정적인
게으름뱅이

평화주의자의 기본적인 특성 중 하나는 바로 나태함과 게으름이다. 이것은 일반적으로 생각하는 의미와는 많이 다르다. 신체적 게으름이라기보다는 삶의 안정을 추구하며 자신의 고유성을 유지하기 위해 외부로부터 영향받는 것을 거부하는 경향이라 볼 수 있다. 이런 기질적 특성은 안철수가 기존의 언론이나 정치권의 말에 쉽게 영향받지 않는 모습을 잘 설명해 준다. 그를 움직이는 것은 언론이나 타인의 충고 혹은 외적 전망이나 전략 등이 아니다. 철저한 내면의 임계치이다. 즉, 그는 내부와 외부의 모든 상황을 고려하여 자신이 적절하다고 여기는 수준의 준비가 되었을 때 스스로 움직인다. 그 결과 자신의 내적 평화를 깨뜨릴 수도 있는 큰 변화에 적극적이고 저돌적으로 돌입하며, 그렇게 한번 시작한 일은 결코 중간에 멈추지 않는 특성을 보인다.

'게으름뱅이 안철수, 나태한 안철수'. 상당히 뜻밖의 구문이다. 안철수에 대해 조금이라도 아는 사람이라면 "말도 안돼!"라는 반응을 보일 것이다. 그러나 이 말은 정말이다. 안철수의 기질적·성격적 본질을 아주 정확히 표현한 것으로, 평화주의자는 그 태생적 측면에서 게으르고 나태한 특성이 있다.

그런데 이때 '게으름'이란 우리가 흔히 생각하는 육체적 나태함, 어떤 일을 미루거나 회피하는 심리적 습성 등이 아니다. 물론 그런 모습을 보이는 미성숙한 평화주의자도 있지만, 반대로 아주 부지런하고 열심히 일하는 평화주의자들도 많다. 평화주의자의 태생적 '나태와 게으름'은 사실 '삶에 의해서 영향받지 않으려는 욕구'이다. 다시 말하자면, 삶에 완전히 뛰어들어 활기 있게 살고 싶어 하지 않는 마음이다.

이것은 평화주의자가 가장 우선시하는 것이 '내면의 평화와 안정'이기 때문에 발생한다. 사실 이 욕망 자체는 나무랄 것이 아니지만, 그에 대한 미성숙한 집착이 고집스러운 태만으로 나타나는 것이다.

과거 안철수의 인터뷰 중, 듣는 순간 필자를 놀라게 한 내용이 있었다. (이 인터뷰 속에 필자가 하고자 하는 말이 모두 들어있다고 해도 과언이 아니다.)

사실은 제가 기본적으로는 굉장히 게을러지기 쉬운 사람이고요, 잠도 많아서 자명종 안 켜면 지금도 20시간도 잘 수 있는 그런 사람이거든요. 그러다 보니 제가 저를 잘 못

믿게 돼서요. 제가 쓰는 수법이 어떤 것들이 있느냐면, 바이러스 백신을 만들려면 최첨단 기술이 매달 새로운 기술이 나올 때마다 그걸 익혀야 하거든요. 그럼 공부할 시간이 없잖아요? 그래서 제가 썼던 방법이 잡지사에 전화해요. 그러고 나서 이런 기술이 새롭게 개발이 된 게 있는데 거기에 대해서 제가 글을 쓰겠다고 해요. 그러면 잡지사에서는 그런 글을 지금까지 쓴 사람이 없기 때문에 좋다고 하고 원고마감까지 주죠. 그런데 문제는 제가 거기에 대해서 전혀 모르는 상태에요. 그런데 마감을 받았으니까, 저는 '책임감'은 굉장히 강한 사람이거든요. 그래서 그러다 보면 마감해 놓고는 무산시키면 안 되니까, 잠을 더 줄이든지 틈틈이 시간을 내서 그걸 만들죠. 그래서 잡지사에 글을 주고 나면, 정말 죽을 고생을 하지만 결국에는 그 분야에 대해서는 굉장히 잘 알게 되거든요.

[백지연의 피플인사이드] tvN, 2010. 6. 14

필자가 놀란 첫 번째 이유는 아직 그가 평화주의자 유형이라는 것을 잘 파악하지 못했을 때 이 말을 들었기 때문이다. 책과 인터뷰와 매스컴만을 통해 본 그의 표면적 모습은 성실, 열심 그 자체였다. 그런데 어느 날 갑자기 자신이 태생적으로 게을러지기 쉬운 사람이라는 충격적 고백을 한 것이다.

놀라움의 두 번째 이유는, 그 말을 듣는 순간 그가 자신의 타고난 성격유형의 약점들을 극복한 사람이란 사실을 알게 되어서였다. (그러한 극복의 모델을 직접 보는 것은 사실 쉬운 일이 아니다). 안철수는 자신의 타고난 평화주의자의 속성, 그것이 미성숙하게 나타난 나태와 게으름에 매몰되거나 휘둘리지 않았던 것이다. 그는 오히려 어떻게 하면 그 점을 이용할 수 있는지, 활용할 수 있을지 잘 알고 있었다.

　평화주의자가 가지고 있는 '내적 평화'에 대한 근본적인 열정과 욕구는 많은 경우 장점으로 발휘된다. 모든 것에 수용력과 이해심, 조화력을 가지고 모든 사람을 이해하며 포용하려 하므로 화합 전문가의 역할을 할 수도 있다. 그런데 같은 도구라도 누가 사용하느냐에 따라 완전히 다르게 쓰일 수 있듯, 똑같은 '내면의 평화와 안정의 추구'이지만 미성숙할 때는 '느리고 고집이 센' 또는 '고집스러운 태만, 수동적으로 물러남' 등으로 나타날 수 있다.

　안철수는 자신을 성숙시키기 위해 그리고 태생적 나태로부터 자유롭기 위해 2가지 방법을 사용했다. 첫 번째 방법은, 자신의 또 다른 특성인 책임감을 이용하는 것이고, 두 번째 방법은 분노를 이용하는 것이었다. 평화주의자는 분노를 통해서만 내부의 힘과 연결될 수 있다. 분노는 그의 게으름을 태워 없앨 수 있는 강력한 연료이다. 안철수의 경우 그것은 사적인 분노가 아니라 세상의 모순, 부정, 불합리한 것에 대한 '공적이고 의로운 분노(착한 분노)'였다. 그는 이 분노를 억압하거나 회피하지 않고, 받아들이고 이용해서 게으름과 나태들을 격파해 왔던 것이다.

평화주의자를 움직이는 것은
타인의 말이 아닌, 내적 임계치

평화주의자는 다른 사람의 말을 잘 따라주는 듯 보이지만, 사실 그 내면에는 상상을 초월하는 저항과 고집스러움이 있다. 흔들리기를 원하지 않으며, 자신의 평화를 지키기 위해서 그 어떤 것이나 사람에 의해서도 영향을 받지 않으려는 욕구가 있기 때문이다. 외부에서 보기에는 언뜻 수동적으로 비치기도 한다. 그러나 이들은 내면에 엄청난 힘과 결단력을 숨기고 있다. 어떤 선을 넘으면 절대로 자신의 의지를 굽히지 않을 것이다. 이러한 측면이 가장 잘 나타난 것이 바로 서울시장 보궐선거 과정 중에 있었던 '안철수의 멘토' 관련 이야기들이었다.

안철수가 직접 인터뷰에 나서기 전, 타인들에 의해 서울시장 출마와 정치참여에 대한 몇몇 이야기가 흘러나왔다. 이에 대해 안철수는 〈오마이뉴스〉와의 인터뷰에서 확실하게 이야기한다.

그런데, 요즘 그분이 발언을 굉장히 많이 하시는데 사실 감사하긴 하다. 그런데 저한테 여러 가지 조언을 해주는 분들이 굉장히 많다. 그런 조언을 해주는 분 중 하나다. 저는 스펙트럼이 다양하다. 좌우 논리에 완전히 빠져 있는 사람이 아니다 보니 진보진영부터 건강한 보수까지 굉장히 스펙트럼이 넓다. 여러 기대를 표시하고 간접으로 돕겠다는 사람들이 많다. 윤 원장을 포함해 많은 분들이 그런 말씀을 하시는데 저는 그냥 웃고 만다. 정확하게 말하자면 저한테 하는 조언은 듣고, 고개를 끄덕이고 만다. 저는 저 나름의 판단이나 역사의식이 있다. 그분들 말씀에 솔깃하거나 따라가거나 하지 않는다. 내 나름의 판단을 한다. 지금 나와 있는 인터뷰와 상관없이. (중략) 또 저는 그분이 제 멘토라고 얘기한 적이 없다. 그분이 제 멘토라면 제 멘토 역할을 하시는 분은 한 300명 정도 되고, 또 저보다 훨씬 나이가 어린 김제동 씨나 김여진 씨도 제게 멘토라 할 수 있다.

[오마이뉴스] 2011. 9. 5

많은 사람이 오해하는 것과 달리, 겉으로 움직임이 드러나지 않는다고 해서 아무것도 하지 않거나 망설이고 있는 것이 아니다. 만약 그렇다면 애초에 그렇다고 이야기하는 것이 안철수의 스타일이다.

그의 심리성향에 비춰보건대, 정말 그 일을 제대로 하고 싶고 완벽하게 성취하기를 원하기 때문에 '준비'하고 있는 것일 가능성이 크다. 자신이 만족할 만한 내적 수준에 도달할 때까지, 다시 말해 임계치에 이르러 터져 나올 때까지 에너지를 쌓고 있는 것이다. 그러다 때가 오면 마침내 거대한 해일처럼, 거대한 강물처럼 모든 것을 품고 모든 것을 다 쓸어내릴 듯 움직인다.

안철수가 삶의 주요 경로를 바꿀 때에는 항상 이와 같은 내면의 과정이 있었다. 변화를 위한 에너지가 쌓일 만큼 쌓여 90이 되더라도 움직이지 않는다. 그리고 그것이 99가 되었을 때, 즉 100이 되기 직전에 마침내 '움직여지는' 것이다. 그때 그것은 사람들에게는 어마어마한 변화로 보인다. 하지만 본인은 액체인 물이 펄펄 끓는 수증기가 되듯 자연스럽게 변화한 것일 뿐이다.

그리하여 그의 거대한 내적 안정은 이제 성취하는 사람의 뜨거운 열정으로 바뀐다. 안철수의 경우 매번 그를 임계치에 다다르게 한 주요 에너지는 바로 분노였다. 다음 장에서는 안철수의 분노가 어떤 식으로 그의 인생에서 터닝 포인트로 작용해왔으며, 그 일련의 과정이 어떠한 일관성을 지니고 있는지 자세히 살펴보고자 한다. 이러한 성격적 특성을 이해하고 보면 그간 보이지 않았던 안철수가 보일 것이다.

안철수를 움직여온 힘 (1)
착한 분노

> '성숙한 평화주의자'인 안철수는 평화주의자의 특징인 인내 · 조
> 화 · 화합 · 따뜻함 · 포용력을 보이는 동시에, (미성숙한 평화주의
> 자와 달리) 분노를 회피하지 않고 건강한 방식으로 표현한다. 내적
> 성숙에 대한 자신감과 더불어, 인생의 중요한 순간 그를 움직여온
> 에너지는 바로 분노였다. 그 분노는 개인의 사적인 분노가 아니라
> 사회적 모순, 불합리한 관행, 무책임 등에 관한 공적 분노이다. 인
> 생의 터닝 포인트 때마다 그가 보여준 행동이나 말은 '분노가 임
> 계치에 다다랐으므로 행동에 나섰음'을 짐작하게 한다.

　일반적으로 평화주의자 유형들은 자신의 분노를 아주 위험
한 것으로 느낀다. 여러 감정 중에 분노가 자신이 가장 지키
려는 내면의 평화를 깨뜨릴 것이라 느끼기 때문이다. 그런데
흥미롭게도 이들은 분노를 통해서만 자기 내면의 큰 힘과 연
결될 수 있다. 바로 분노가 이 성격유형의 나태와 게으름을

태워 없앨 수 있는 에너지원이다.

그렇다고 해서 평화주의자 유형은 화가 느껴지는 대로 남에게 무조건 표현하고 공격해도 좋다는 말이 아니다. 자신이 분노를 느낄 때, 만약 필요하다면 그것을 표현해도 괜찮다는 말이다. 분노란 어떤 위험한 것이 아니라 단지 여러 감정 중 하나일 뿐이며, 그것에 익숙해지고 또 분노를 표현하든 안 하든 개의치 않게 되면 비로소 분노에서 자유로워진다. 더는 분노의 감정을 두려워하지 않게 되는 것이다.

많은 사람에게 놀라움을 안겨주며 회자된 안철수의 인터뷰 내용 중 하나는, 남들에게 화를 내 본 적이 없다는 부분이다. 타인에게 화를 내는 것이 일상인 수많은 사람에게 그의 이야기는 신선한 충격으로 다가갔다. 이에 관해 그는 남 탓을 하지 못하기 때문이라며, 자신은 오직 본인 탓만 할 수 있다고 말했다. 그래서 혼자서 샤워를 할 때 고함을 치거나 벽을 치는 정도가 화를 내는 것이며, 타인에게 한 가장 심한 말이 "참, 나쁜 사람" 정도라 한다.

기본적으로 평화주의자 성향의 사람은 분노가 내면의 평화를 위협하고 깨뜨린다고 여기고, 본능적으로 분노를 거부하는 경향이 있다. 특이한 점은 안철수는 평화주의자임에도 불구하고 일찍이 분노의 감정과 그 에너지를 잘 이용해 왔다는 것이다. 화를 못 낸다는 안철수가 분노를 이용해 왔다니, 이게 무슨 모순이냐고? 인생의 터닝 포인트마다 분노가 어떤 방식으로 그를 발전시켜 왔는지 찬찬히 살펴보면 이해할 수 있을 것이다.

안철수를 움직여온 공적인 분노

그가 삶의 진로를 결정한 중요한 시기마다 과감한 선택을 가능하게 했던 것은 바로 분노였다. 적어도 2011년 전까지 그의 분노는 그 혼자 지니는 분노였고, 혼자 느끼고 또 표현하는 분노였다. 개인적이고 사적인 분노라는 뜻이 아니다. 그 내용과 대상은 공적이고 사회적인 분노였지만, 굳이 그것을 공개적으로 표현하거나 하지 않았다는 것이다. 분노의 표현은 없었으되 그러한 분노의 원인이 되었던 여러 사회적 모순, 비상식, 불합리 등에 대해서 끝없이 구체적 개선과 제도적 개혁에 관해 의견을 제시해 왔었다.

2011년 이후 안철수의 정치적 의사표현이나 행위에 대해서는 관심도 많고 또 해석도 분분하지만, 실상 많은 사람이 이전에 그가 한국 사회를 위해 했었던 '진짜 중요한 일'들과 그의 분노와의 상관성은 잘 모르고 있다.

우선 삶의 중요한 선택의 시기마다 있었던 그의 분노들을 들여다보자.

가장 먼저 그를 움직였던 분노 중 하나는 컴퓨터 바이러스에 대한 분노였다. 그 분노는 그로 하여금 무려 7년여 동안 새벽 3시에 일어나 새벽 6시까지 혼자서 대한민국의 모든 컴퓨터 바이러스를 치료하는 백신을 개발하도록 만들었다. 혹자는 그가 7년 동안 무료 백신으로 기여한 이익을 10조 원으로 추산하기도 한다.

물론 백신개발에는 분노 외에도 새로운 것에 대한 호기심, 사회에 대한 보답, 공적인 기여 등에 대한 보람 등도 큰 요인으로 작용했을 것이다. 이는 두말할 나위 없다. 다만 여기서, 분노라는 개념의 정의를 좀 더 넓게 잡아볼 필요가 있다. 일차적으로는 바이러스로 인한 직접적인 피해에 대한 분노가 있었겠지만, 아마도 그의 성격상 바이러스가 수많은 컴퓨터 사용자들과 사회 전체에 끼칠 피해와 고통에까지 사고가 이르러 '가만히 놓아둘 수 없다'는 생각이 들었을 것이다. 광의의 분노에는 그러한 것들이 모두 포함될 수 있다.

또 다른 분노는 1995년 안철수연구소 창업과 연결되어 있다. 1990년, 그는 해당 분야 최연소인 만 27세에 한 대학의 의과대학 학과장이 된다. 그렇게 승승장구하는 듯 보였던 그가 대학을 그만두고 벤처기업을 창업했을 때, 그 선택의 바탕에는 대학원 내 불합리에 대한 분노가 있었다. 다음은 ≪CEO 안철수, 영혼이 있는 승부≫에 그가 직접 쓴 내용이다.

　　높은 자리에 있는 사람들이 그 자리에 맞는 대접만 받
으려고 하고 막상 문제가 생겼을 때 그 해결은 아랫사람에게
맡기는 것은 비겁한 태도라고 생각한다.
　　이젠 과거사가 되었지만, 나 또한 이 때문에 마음에 상처를
받은 적이 있다. 한 대학의 의대 교수직을 그만두게 되었을
때 일인데, 당시 나는 연구와 수업을 질을 높이기 위해 실험
할 수 있는 환경을 갖추어 줄 것을 학교 측에 요구했고 그 요
구는 일언지하에 묵살되었다. (학교 측은 고압적인 묵살 후
안철수에게 채용보류 결정을 내린다. ―저자 주) 이 과정에
서 나는 한국 사회에서 리더의 자리에 있는 사람들이 그 자리
만 유지하려고 하지 그에 요구되는 책임은 회피하는 것을 목
격하게 되었다. 이 일은 어떤 의미에서는 내가 의학을 포기
하게 된 결정적인 이유가 되었다.

　　사실 그즈음 안철수는 의사 생활과 백신개발 중 하나를 택
해야 하는 심각한 선택상황에 처해 있었다. 당시에 대한 그의
말들을 보면 '반 년' 간의 긴 고민이 있었다고 한다. 그의 가장
큰 특징 중 하나인 책임감 때문이었다. 지도교수로서 학생들
에게 전적인 책임을 다 해야 한다는 것, 그리고 학자로서도 연

구에 최선을 다해야 한다는 책임감을 쉽게 저버릴 수 없었던 것이다. 한편, 갈수록 늘어나는 컴퓨터 바이러스의 숫자도 고민의 원인이었다.

앞서도 잠깐 언급했지만, 안철수는 인생의 중요한 판단을 내릴 때마다 3가지 원칙을 적용해본다고 한다. 의미를 느낄 수 있는 일인가(의미), 지속적으로 열정을 다해 할 수 있는 일인가(재미), 실제로 내가 잘해서 다른 사람들에게 혜택을 줄 수 있는 일인가(능력)를 자문한다는 것이다. 이러한 질문 끝에 그는 의사의 길이 아닌, 컴퓨터 바이러스 백신 개발을 선택하게 된다.

안철수의 삶을 180도로 바꿔놓은 이 선택과 관련해, 그의 분노에 주목하는 사람은 거의 없다. 그러나 그가 당시 대학 내 불합리한 관행과 행정에 정말 분노하지 않았고, 그래서 계속 대학에 남는 타협을 선택했더라면 그 후의 모든 행보는 지금과 달랐을 것이다.

안철수를 움직였던 '공적인 분노' 중 가장 중요한 분노는 2005년 그가 성공적으로 운영하고 있던 안철수연구소의 대표 이사직을 사임하고 어려운 미국 유학길을 선택했을 때의 것이었다. 1988년 V3 개발부터 시작해 1995년 회사 설립, 2005년 퇴임 때까지 장장 17년 동안 자리를 지켜온 창업자가 회사를 홀연히 떠난 사건이었다. 당시 그의 퇴임은 모든 언론에서 '아름다운 퇴장'으로 기록되었다.

　더구나 그가 직접 쓴 퇴임사를 보면 당시 안철수연구소의 실적과 성과는 최대치였다. 한참 후에 그가 한 인터뷰를 보면, 당시 그가 가장 쉽게 할 수 있는 일도 회사 CEO의 임무였다. 그럼에도 왜 교환교수 등이 아닌 순수한 학생의 신분으로 그 어려운 미국 MBA 과정에 들어간 걸까? 일차적으론 평생 공부의 자세와 자기계발 본성을 들 수 있다. 그 자신도 퇴임사에 "아직까지 끝나지 않은, 공부에 대한 욕심 때문"이라고 말하기도 했다. 그러나 차후 쓰인 글들과 인터뷰 등을 보면 또 다른 요인이 존재했음을 발견할 수 있다.

　안철수는 다음과 같은 말을 했다. 자신과 자신의 회사는 성공했지만 한국 사회 내의 다른 기업들, 특히 중소기업과 그들이 있는 기업계 환경은 터무니없이 불합리하다는 것이다. 그래서 자신이 전체 중소기업체들과 그 환경, 구조를 위해서 무엇을 할 수 있을지 고민하기 시작했다고 한다.

변화의 열망을 지피는
공적 분노

무언가를 '바꾸고 싶다'는 것은 그 바꾸고 싶은 대상이나 상황에 대한 분노가 있다는 것이다. 생각해 보라. 마음속에 아무런 불만도 감정도 없이 만족스러운 혹은 무덤덤한 상태라면 굳이 무엇을 바꾸고 싶다는 바람이 생길까?

그는 저서에서 "단언하건데, 전체가 잘 될 수 있다면 나는 개인적인 이해타산과 상관없이 어떠한 선택도 할 수 있는 마음의 자세를 가지고 있다"고 말한다. 이로 미루어보건대 그를 움직인 원동력은 모순과 비상식, 즉 사회의 '거대 바이러스'에 대한 공적 분노였다. 그 자신도 중소기업체를 운영하는 입장에서 또한 시대의 양심으로서, 대기업과 기득권층 위주의 기업환경과 관행, 정부의 부족한 제재와 무책임한 방치 등을 보며 상당한 분노를 느꼈을 것이다. 그리고 자신과 같은 중소기업체를 꾸리는 CEO들과 그 구성원들이 겪는 어려움도 절감했으리라.

이익은 극히 소수층에게만 돌아가고 나머지 일반 국민은 고통스러울 수밖에 없는 상황, 이 거대한 사회적 불합리를 그는 또 하나의 '바이러스' 같이 느꼈던 것으로 생각된다. 이렇게 그의 분노는 점점 더 선명해지고 커졌던 것이다.

2008년부터 일했던 KAIST 경영학과 교수에서, 2011년 서울대학교 융합과학기술대학원 대학원장으로 옮긴 것 역시 불합리와 모순에 대한 그의 공적인 분노가 크게 작용했으리라 짐작해 볼 수 있다. 물론 그가 직접적으로 분노를 언급한 것은 아니다. 그러나 충분히 추론이 가능하다. 인터뷰에서 그는 다음과 같은 말들을 했다.

예, 학교 안에서 뭐 어떤 점들을 개선하면 더 나을 것인가, 그런 문제들, 제가 고민 안 할 수는 없고요, 그런데 저기, 아무래도 결정권을 가지지 않다 보니 그게 제대로 반영되기는 참 힘든 상황인 것 같습니다. 그런데 그 상황에서 이제 서울대에서 그런 일을 할 수 있는 제안을 받았는데요, 그래서 고민을 했지요. 1년에 백 명 정도 학생 열심히 가르치고 그리고 많은 분들로부터 좋은 이야기 들으면서 편안하게 살 수 있는 선택이 하나 있었고요, 또 다른 쪽 선택은 더 힘들고 고생은 되지만 마치 작업복 다시 입고 흙 묻히면서 일을 하고 조직을 변화시키는 그런 일을 할 것인가. 그런 선택 중에서 고민하다가 후자를 선택하게 되었습니다.

[시사자키 정관용입니다] CBS라디오, 2011. 5. 11.

(잠시 생각에 잠긴 채 침묵하다가) 학생들이 불쌍하다. 어떻게 하면 자라나는 학생들을 보호할 수 있는지 생각하면서 사람들이 이번 사태를 바라봤으면 좋겠다. 카이스트 내부 사정이야 내가 잘 알고 나름대로 생각도 있지만, 곧 학교를 옮기게 된 입장(안 교수는 조만간 서울대 융합과학기술대학원장으로 갈 예정이다)이라서 카이스트에 대해 이야기하는

건 적절치 않다. 나중에 말할 기회가 있을 것이다. 다만 카이스트 브랜드도 국가의 큰 자산인데, 이번 일로 브랜드가 망가지면 모두 손해다. 그런 일이 없기를 바란다. 이번 카이스트 사태는 우리나라가 안고 있는 문제의 종속변수다. 여러 가지 사회적 · 구조적 문제가 카이스트라는 조그만 창을 통해 불거져 나온 것이다. 그 속에 사회구조적 문제가 모두 잠재해 있다. 현상만 보여준 채 넘어가거나, 사람 몇 명을 바꾸고 지나가면 안 된다. 구조적 문제까지 들어가서 카이스트뿐 아니라, 우리나라 전체 대학의 문제로 접근해야 한다. 몇 사람만 바꾼 채 끝나고 또 잊어버린다면 발전은 없다. 전 국민의 엔터테인먼트인 양 그렇게 지나가면 안 된다. 결정권을 가진 사람들이 하면 할 수 있는 일인데, 생각이 없는 것 같아 안타깝다.

[한겨레] 2011. 4. 30

본인이 깊게 느끼고 생각했던 부분들이 분명 있었지만, 그답게 '나중에 말할 기회'를 기약하며 표현을 순화시켰을 뿐이다. 또한 KAIST 문제에 관해서는, 한 대학 내의 문제로서가 아니라 좀 더 본질적인 부분에 초점을 맞춘다. '결정권을 가진 사람들'이 제대로 일하지 못하는 데 대해 안타까워하는 것이다. 표현하진 않았지만, 그가 맘속 깊이 느끼고 있을 그 공적인 분노가 느껴지지 않는가?

 2012년 5월 KAIST 관련 뉴스 중에 눈에 띌 만한 뉴스가 있었다. 대학교수들이 시위를 하고 있다는 뉴스이다. 그리고 최근 몇 년 동안 KAIST 학생들의 불행한 자살 사건이 사회적 이슈가 되어오기도 했다. 안철수의 특성상 그런 부분에 대해 상세한 이야기를 하지는 않았지만, 아마 그 역시 학내 여러 모순과 불합리와 관련해 답답한 부분이 적지 않았을 것이다. 그러나 현실적으로 한 명의 교수에 불과한 그가 할 수 있는 일이란 거의 없었을 테고, 그랬기에 종신 교수직이라는 유혹적인 조건을 마다하고 고생이 될지언정 좀 더 많은 이들에게 도움이 될 수 있는 변화를 만들어 낼 수 있는 일을 선택한 것이다. 즉, 이때도 선택에 사용된 주요 에너지는 모순과 불합리에 대한 분노였다. 어떻게든 그것을 정상으로 돌려놓고 싶은 안타까움이었다.

비겁한 것,
이기적인 것이 가장 싫다

안철수가 계속 분노해온 상황과 대상들은 그의 인터뷰에서 비교적 자세히 나왔다. 대기업 위주 기득권층에 대한 과도한 특권들과 그로 인해 발생하는 수많은 사회문제, 경제문제 그

리고 공정하고 엄격한 제도로 그것을 조정하고 고쳐나가야
할 정부의 무책임한 방임, 그 때문에 고통받는 중소기업들과
일반 국민, 나아가 특히 미래 한국을 짊어질 20대 청년들이
겪고 있는 엄청난 고통.

그리고 조금씩 놀라운 변화가 일어났다. (매우 천천히 발생
한 변화이기에 대부분 눈치채지 못했지만.) 그동안 주로 문제
와 그 해결책에 대한 내용만을 말해 오던 안철수가 2011년 초
반부터 적극적으로 직접 분노를 표현하기 시작한 것이다. 그
전의 글이나 인터뷰에서 보여준 모습과는 확연히 달랐다. 전
에도 사회 현상에 대해 정곡을 찌르는 분석과 대안 제시는 부
지런히 했지만, 정작 그 현상에 대한 본인의 분노를 직접적으
로 표현한 적은 없었다. 그런데 이제는 인터뷰하는 기자들이
먼저 그것을 느끼고 '안철수의 분노'에 대해 쓸 정도였다. 아
래는 당시 그 '분노의 인터뷰' 내용들이다. (날짜 순으로 소개
한다.)

그런데 한국은 멈춰있다. 기득권이 지나치게 보호되는
환경이다. 왜 아이폰이 나온 지 2년 후에야 들어왔나. 휴대폰
제조 대기업들과 통신사 등이 결탁해서 막아서다. 국산 차
값이 비싼 이유도 국가에서 보호하기 때문이다. 환율 정책도
마찬가지고. 로마 제국이 왜 망했나. 기득권이 과보호돼서

다. 기득권이 어느 정도 보호되는 건 인류역사상 당연하다. 그러나 어느 정도 위기, 경쟁에 노출이 되는 구조여야 건강하게 기득권도 계속 높은 수준의 실력을 유지하며 당당하게 기득권에 오를 자격을 가지게 된다. 그런 구조가 아니면 기득권 스스로에게 기득권이 독이 된다. 내부 경쟁력을 키우라고 보호해주는 것인데 그동안 내부에서 이익만 챙기고 세계적으로 스마트폰 물결이 대세를 이루는 동안 한국만 갈라파고스처럼 가만히 있었다.

[보안세상(안철수연구소 사보)] 2010.12. 8

안철수 박사는 우리 사회와 기업에 쓴소리를 마다하지 않았고 사회적 반향을 불러일으키곤 했다. 요즘은 쓴소리의 세기가 더 강해진 느낌이다. 대상도 가릴 것 없다. (중략) 트위터, 페이스북으로 대표되는 소셜미디어가 전 세계를 휩쓸어댄 지난 3년, 우리는 그 변화의 소용돌이에서 철저히 이방인이 되고 말았다는 게 안철수 박사의 진단이자 아쉬움이었다. 그는 '잃어버린 3년'이라며 씁쓸해했다. "그런데도 책임지는 사람이 아무도 없다"는 말에선 분노까지 엿보인다. (중략) '1인 창조기업'도 도마에 올랐다. 안 박사는 "기존에 사업을 하는 업체들이 더 잘 될 수 있는 제도적인 정비에는 공무원들이 별 관심이 없고 창업하는 회사들의 숫자에만 관심이 있는 것 같다"며 깎아내렸다. 그는 "1인 창업보다는 오히려 여럿이서 함께 창업을 해야 더 성공가능성이 높다"며 "창업을 하려는 사람들도 정부에 손 빌리려 하지 말고 스스로 개척해야 한다"고 강조했다.

"오래전부터 아무리 이야기해도 변하는 게 없다"며 쓴웃음을 지으면서도 쓴소리는 계속된다. 그건 여전히 버릴 수 없는 희망 때문이란다. "희망이 없으면 이런 얘기 할 필요가 없다"면서 말이다.

[블로터닷넷] 2011. 1. 3

"한국에는 새싹(벤처기업)이 생겨나도 밟혀 죽는다. 20대가 불행해진 것도 이 때문이다. 대기업 중심의 사회구조가 바뀌어야 창업이 일어나고 한국경제의 미래가 보장된다. 지금이 어떤 시기인가. 산업혁명보다 더 근본적인 변화가 일어나고 있다. 10년 후가 정말이지 암담하다." 평소 목소리 톤에 변화가 거의 없는 그이지만, 이날만큼은 높낮이가 심했다. 많이 답답했던 모양이다.

[머니투데이] 2011. 6.16

질 문 : 그냥 메시지만 던지겠다는 건가?

안철수 : 메시지도 던지지만, (그냥 메시지만 던지고 있자

니) 화도 조금씩 나고 있다. 나 자신을 보면 정치인
과 안 맞는 게 확실한데, 현실을 보고 있자니 점점
화가 난다.

[중앙일보] 2011. 7.12

안 교수의 부드러운 말투 속에는 대한민국의 현실에 대한
분노가 묻어났다. 안 교수는 "공정사회와 상생은 대통령이
꺼낸 화두인데 화두만 꺼내고 후속조치가 없으면 분노가 더
커진다"고 했고, "우리 사회 20 · 30대에겐 상생이 안 되는 데
대한 분노의 에너지가 많이 쌓여 있다"고 했다. 그는 "사회구
조를 바꾸는 최선책은 결정권자들에게 달려 있는데 그게 안
되면 대중이 문제를 해결할 수밖에 없다"고 말했다. 그는 "내
년에 선거 참여율이 굉장히 높아질 것 같다. 20 · 30대 투표
율이 50%까지 가지 않을까 싶다"고 말했다. 인터뷰를 하는
동안 때로 격정적인 단어를 사용하는 등 안 교수의 말에선 굉
장히 강한 분노가 느껴졌다. 기자가 '분노가 느껴진다'고 했
더니, 안 교수는 굳이 숨기려 하지 않았다. '원래 말을 그렇게
한다'는 식으로 표현했다. (중략) 안 교수는 정부의 역할에 대
해 "시장이 불공정한데 정부가 감시자 역할을 못하고 있다.
불공정거래가 일어나고 있는데도 뒷짐지고 있다. 지금은 무
법천지다. 약탈 행위가 일어나는 무법천지를 정부가 방조하

고 있다"고 말했다.

[주간조선] 2011. 8. 1

어떤가, 점점 더 커져가는 분노가 느껴지지 않는가? 물론 이러한 분노가 2010년에서 2011년 사이에 당장 나온 것은 아닐 것이다. 본인이 해야 할 바를 말이 아닌 행동으로 실천해 오면서, 또 수십 년 동안 한국 사회의 제대로 된 발전과 진화에 관해 꾸준히 생각해오며 가슴 속에 계속 쌓여온 분노가 2011년 즈음에 와서는 마침내 정점에 다다른 것이었다.

이 공적인 분노가 안철수의 내면에 계속 쌓여왔다면, 2011년 9월, 그것이 비로소 '임계치'를 넘어선 결정적 요인은 무엇이었을까? 당시는 아이들을 위한 무상급식 제도의 찬반 결정이 정치적 목적으로 이용되면서, 결국 오세훈 당시 서울시장이 사퇴하고, 10월에 새롭게 시장을 선출해야 하는 상황이었다. 결정적으로 이 상황이 그전까지는 결코 정치에 나서지 않겠다고 했던 안철수의 마음을 바꾸게 한 에너지원이 되었고, 9월 초 〈오마이뉴스〉 오연호 대표와 전격적인 인터뷰를 하게 된다.

착한 분노가 임계치를
넘어서다

〈오마이뉴스〉와의 인터뷰는 안철수가 한 '분노의 표현'의 결정체였고, 또 그가 실제 정치권으로의 진출 가능성을 최초로 직접 언급한 분수령이었다. 그전까지 최대한 말과 표현을 아꼈던 안철수는 더 이상 분노의 표현을 억압하거나 자제하지 않는다. 그는 출마의 계기를 묻는 오연호의 질문에 "주변에서 걱정들을 많이 해 나라도 나서야 하지 않겠는가"라는 생각이 들었다며, 출마나 불출마, 야권후보와의 연대여부 등은 "역사의 물결을 거스르면 안 된다는" 생각 하에 결정지을 것이라 말한다. 곧이어 '역사의 물결을 거스르는 것은 현재 집권세력'이란 생각을 밝히며 공적인 분노, 의로운 분노를 분명히 했다.

안 원장은 '역사의 물결'을 이야기하면서 반한나라당 입장을 분명히 했다. 안 원장은 "사실은 이렇게 말하면 너무 나가는 것일 수도 있지만, 제가 생각할 때 역사의 물결을 거스르는 것은 현재의 집권세력이다"면서 "그럼 답은 명료하다. 나는 현 집권세력이 한국 사회에서 그 어떤 정치적 확장성을 가지는 것에 반대한다. 제가 만일 어떤 길을 선택한다면 그 길의 가장 중요한 좌표는 이것(한나라당이 정치적 확장성을 가지는 것에 반대)이 될 것이다"고 힘주어 말했다.

　안 원장은 "이번에 서울시장 선거를 다시 치르게 된 것은 한나라당이 그 문제를 촉발했기 때문"이라면서 이번 보궐선거를 통해 "응징을 당하고 대가를 치러야 한다, 그래야 역사가 발전한다"고 말했다. (중략) 안철수 원장은 "또다시 이상한 사람이 서울시를 망치면 분통 터질 것"이라며 "그것이 서울시장 출마 고민의 시작점이었다"고 말했다. 안 원장은 "(무상급식 투표) 등 여러 일 때문에 서울시장 자리가 열렸는데, 정말로 자격 없는, 정치적 목적으로 시장 일을 하면 안 된다는 생각이 들어" 출마 고민을 시작했다고 했다.

[오마이뉴스] 2011. 9. 5

　이 인터뷰에서 안철수가 나타낸 '분노의 표현'은 더는 설명이 필요 없을 정도로 강력하고 선명했다. 또한 이전의 인터뷰에서는 분노의 구체적 대상, 즉 불합리와 비상식의 주체들에 대해 어떤 말도 하지 않았지만(아마도 그의 평화주의자적 특성상 이미 생각이 다 있지만 자제했을 것이다), 이때는 분명하게 한나라당(현 새누리당)과 그 세력들이라 말한다.

　보통 사람들은 평화주의자 성향의 인물을 보면 그의 여러 가지 장점들, 즉 인내·조화·화합·따뜻함·포용력 등을 좋아하면서도 그가 과연 결단력 있게 그리고 냉정하게 판단을 내려야 할 때 잘할 수 있을까 우려하기도 한다. 일면 자연스러운 걱정이기도 하다. 그러나 안철수는 성숙한 평화주의자로서, 앞서 말한 평화주의자의 특성을 보이는 동시에 필요할 때는 가차 없이 결단하고 선택하는 삶을 보여 왔다.

이와 관련해 안철수의 가장 가까운 지인 중 한 사람이라 할 수 있는 박경철은 다음과 같이 표현했다.

> 안 원장과 본격적으로 대화를 시작한 것은 3년 정도 됐다. 그동안 그를 지켜보면서 이 사람은 '안 되는 것은 안 된다'고 말하는 사람이라는 것을 알았다. 자기가 말한 대로 간다. 그런 사람을 만난 적이 없다. 처음에는 신기하게 생각했다. 시간이 지나면서 옆에서 지켜보니까 이 양반이 무슨 말을 해도 믿게 되더라. 이것이 신뢰의 힘이다. '믿어주세요, 이 사람'이라고 말하는 것이 아니라, 행동으로 보여주는 랜드마크형 인간이다. 우리 사회의 중심이 되는 기준이 필요하다면 안 원장이 바로 그것이 될 것이다.
>
> [중앙일보] 2011. 9. 9

임계치에 다다른 안철수의 분노는 마침내 그로 하여금 자신과 맞지 않다고 이야기하곤 했던 '정치' 분야로 나아가게 만든다. 비록 서울시장 선거는 안철수가 후보자리를 양보하면서 박원순 서울시장이 탄생하는 것으로 마무리되었지만, 그는 이미 정치와 관련하여 자신이 어떤 일을 할 때 기준으로 삼는 3가지 원칙이 모두 충족된 상태이다. 즉, 이제 그는 왜 직접 정치를 해야 하는 지 '의미'를 찾았고, 중도에 멈춤 없이 계속 임할 수 있는 '열정'이 있으며, 마지막으로 그 정치의 대상이 될 국민에게 도움이 될 정도로 잘할 수 있다는 '능력'에 대한 자기 확신도 가진 상태이다.

이러한 조건이 충족되었을 때 그 '강렬한 선택'의 에너지원이 되는 것이 바로 안철수의 공적인 분노, 그 착한 분노인 것이다.

비겁한 것이
가장 싫다

안철수의 평화주의자적인 측면으로 미루어 그가 소극적이거나 우유부단하거나 단호하지 못할 것이라는 막연한 이미지를 가지고 있다면, 이번 장을 통해 잘 알려지지 않은 그의 모습에 놀라게 될 것이다. 일이 잘못되더라도 결코 남을 탓하거나 화를 내지 않는다는 그이지만, 구조적 불합리나 의도적인 불의와 비상식에 대해서는 '분노'는 물론 단호한 처리와 처벌까지도 주장한다.

안철수가 평화주의자이며 화합과 수용 그리고 조화의 대가이기 때문에 어떤 이들은 그가 우유부단하게 상황을 처리할수도 있다는 우려를 가지기도 한다. 그리고 부패세력에 대한 단호한 조처가 필요한 현 한국 사회에서 요구되는 임무를 제대로 수행할 수 있을까 걱정할 수도 있다.

필자가 이와 관련된 걱정을 하는 사람들에게 확실하게 말할 수 있는 것은, 그런 점을 걱정할 필요가 없다는 것이다. 오히려 그의 행적을 분석하다 보면 불의와 불합리와 비상식에 대해 굉장히 단호하고 모질게 대응해 왔음을 알 수 있다.

안철수가 자기 자신에 대해 모질었다는 점은 이미 많이 알려져 있다. 안철수의 이야기 중 운전 초보 시절 경험담이 있다. 지리를 잘 모르는 곳에 운전하여 갔다가 길을 잘못 들었는데 앞차가 갑자기 불법 유턴을 하자 자신도 모르게 같이 유턴을 했다. 그리고 바로 교통경찰관에 걸려서 벌금을 냈다고 한다. 그는 그러한 상황을 만든 자신에 대해서 엄청난 부끄러움을 느꼈다고 하는데, 아마도 그것은 스스로에 대한 '분노(화)'이기도 했을 것이다. 그다음부터는 다시는 그러한 짓을 저지르지 않기 위해서 잘 모르는 곳에 차로 갈 때는 미리 그곳의 모든 지리와 상황을 다 파악하고 간다고 한다.

두 번에 걸친 미국 유학생활 또한 자신에게 무척 모진 측면을 보여준다. 조금 쉽게 공부할 수 있는 교환학생, 교환교수 등으로 가면 제대로 공부하지 못할 것이 염려되어 일반 학생들과 똑같이 시험을 쳐 정식으로 입학했고, 고생하며 공부를 했다.

그는 또한 방송인 김제동과 가졌던 한 인터뷰에서 '비겁한 것'을 얼마나 싫어하는지 강조하기도 했다.

질 문 : 다른 질문 한 가지만 더 여쭤보겠습니다. 10년 전 자료를 보다가 안 교수님 소재로 했던 '성공시대'를 봤어요. 그때 혹시 '나를 제일 화나게 하는 것은?'이란 질문에 뭐라고 대답하셨는지 기억하세요?

안철수 : 음……, 교통위반 아니었나요?

김제동 : 네. 교통위반 그리고 질서 안 지키는 것.

안철수 : 네. 그리고 끼어들기 그런 류였던 것 같아요. 근데 그게 그냥 끼어들기가 아니고요. 평소 줄 서 있을 때는 누가 서로 얼굴 보고 끼어들겠어요? 그런데 차에 시커멓게 코팅을 해놓고 자기 익명성을 이용해서 함부로 그런 것을 하는 게 굉장히 비겁해 보이더라고요. 저는 비겁한 것은 굉장히 싫어하거든요.

[보안세상(안철수연구소 사보)] 2011. 1. 31

안철수는
유하지 않다

스스로에게 모진 안철수는 그럴 수 있겠다 싶은데 타인들에게도 모질 수 있다는 부분에 대해서는 '어떻게 부드러운 안철수가 그럴 수 있지?'라고 생각할 수도 있다. 이미 여러 인터뷰에서 밝혔듯이, 일이 잘못되더라도 좀처럼 남을 탓하지 않으며 오히려 자신에게만 화를 낸다고 이야기했기 때문이다.

아마도 안철수는 자신과 연관하여 뭔가 잘못되었을 때는 철저하게 자기 반성과 자기 통찰을 우선으로 할 것이다. 그래야 차후 또다시 비슷한 실수나 잘못을 행하지 않을 것이기 때문이다. 그런데 사람들이 의도적으로 불의나 불합리나 비상식적인 행위를 할 때는 안철수 역시 타인에 대한 분노가 아주 크게 일어나는 것 같다. 앞의 인터뷰에서도 비겁한 것을 '굉장히' 싫어한다는 말을 할 정도이기 때문이다.

최연소 의대 대학원 학장 시절 학교 측에 필요한 기자재를 요청했으나 묵살당하고 채용보류 결정이 내려졌을 때도, 자신이 당한 일보다는 학생들을 위해 당연히 해야 할 일에 대해 불합리하게 대응하는 학교 당국에 대한 분노가 아주 컸던 것 같다.

그리고 대외적으로 많이 알려지지 않았지만, 안철수연구소 CEO였던 당시 사욕을 위해 회사를 이용하는 사람에 대해서는 아주 엄정하게 다스렸다고 한다. 그 사람의 능력이 아주 뛰어나더라도 절대 예외가 없었다는 것이다. 회사의 자산이 될 정도로 훌륭한 능력을 가졌지만, 자신의 이익을 위해 타인에게 피해를 준 몇몇 직원을 내보낸 경험이 있다고 안철수는 말한다.

물론 가장 큰 이유는 그런 행위가 회사와 구성원들에게 명확하게 해로운 일이기 때문이었을 것이다. 안철수는 심지어 회사에 자신의 친인척을 단 한 명도 취업시키지 않았다고 한다. 아마 발생할 수 있는 여러 불합리한 상황을 미연에 방지하고자 한 동시에 그런 모습이나 상황을 정말로 싫어하는 성격이 작용했으리라 보인다.

이는 평화주의자적인 측면으로 미루어 안철수가 소극적이거나 우유부단할 것이거나 단호하지 못할 것이라는 데 대한 사람들의 걱정을 없애주는 이야기들이다.

안철수에 대해 막연한 이미지만을 가지고 있는 사람이 보면 정말 깜짝 놀랄 만한 이야기도 있다. 〈오마이뉴스〉가 2009년 12월에 주최한 '10만인 클럽'이라는 정기 특강 프로그램에서 안철수가 강연을 했다. 다음은 강연 마지막에 있었던 질문과 답변 시간에 그가 한 말이다.

어느 질문에 대해 답변을 하던 중 한국 사회의 고질적인 문제, 즉 경제사범에 대한 관대한 처벌과 관련한 이야기가 나왔다. 안철수는 실리콘밸리가 '실패의 요람'임을 이야기하며 사업적 실패에 대해서 현재 한국 사회와 같이 한 번 실패하면 완전히 삶이 망하는 것이 아니라 충분히 재기(재도전)할 수 있는 제도적 부분들이 보충되어야 한다고 말한다. 그리고 그런 것이 악용될 수 있지 않겠느냐는 반론이 있을 수 있다고 하면서, 그에 대한 해결책으로 다음의 이야기를 이어갔다.

　그래서 사실은 약간 더 범위가 넓어지는데, 현대로 올수록 실제 시장에서의 플레이어들을 감시하는 사람들이 기본적으로 당하지 못합니다. 감시 기능을 강화해야 함에도 불구하고 전문성도 작고 사람 숫자도 적고 여러 가지 이유로 감시가 불가능해집니다. 그래서 도입된 방법이 '일벌백계' 입니다. 영어표현으로 'Punitive Damage(징벌적인 보상)' 라고 해서, 사기꾼들이 왜 사기를 치는가 보면 두 가지로 판단해요. 하나는 내가 잡힐 확률이 얼마인가, 그다음에 한번 잡히면 얼마나 손해 보는가 그것을 봐요. 그래서 곱한 금액이 자기가 버는 금액보다 작으면 범죄를 저지릅니다.

　지금과 같은 경우 금융사범들이 많은 이유가 한번 이렇게 해 먹고 어디 숨겨 놓고 형 몇 년 살다 오면 평생 먹고 삽니다. 걸릴 확률도 적구요. 그래서 범죄자들이 많아져서 현대 같은 사회에서는 아예 법률제도도 그렇게 바꿔야 합니다. 감시도 강화하지만 징벌적 배상 같은 것으로 해서. 잡힐 확률은 높이기가 힘들어요, 전문성들이 워낙 좋아서.

　대신에 어쩌다 한번 잡히면 거의 반을 죽여 놓아야 해요. 지금 같은 사회에서는 누구 사기 쳐서 재산을 박탈하면 그 금융사범이 사실은 살인보다 더 나쁜 일일 수도 있거든요. 그러면 그런 사람을 왜 사형을 못 시켜요? 그래서 그런 식의 좀 혁신적인 발상으로 그런 제도들을 바꿔놓아야 그런 부작용(재도전을 돕는 제도를 악용하는)을 줄일 수 있죠. 그래서 결국은 다 연결이 되는데요. 실패한 사람에게 기회를 주려면 그런 제도를 악용하는 사람들은 거의 죽여 놔야 해요.

어떤가, 놀라운 발언이지 않은가? 물론 앞서 이야기했듯이, 여기서의 '일벌백계' 그리고 경제·금융사범들에 대한 평소보다 많이 센 발언은 그들을 벌하는 것 자체가 목적이 아니라 실리콘밸리와 같이 실패 후 다시 재기할 수 있는 제도적 보완에 더 초점을 맞춘 발언이기는 하다. 그리고 안철수뿐 아니라 다른 많은 학자나 정치가 중에서도 비슷한 이야기를 했던 이가 있을 수 있다. 하지만 안철수가 이런 발언을 했다는 것은 평소 이미지에 비춰봤을 때 분명 충격적이다. 그만큼 이런 사안(금융사범, 경제사범에 대한 엄한 징벌)에 대한 그의 생각이 확고하다는 뜻이 되겠다.

실패하는 장수의 5가지 유형

안철수가 직접 이야기했던 '실패하는 장수의 5가지 유형'이 있다. 저서 ≪CEO 안철수, 지금 우리에게 필요한 것은≫에서 기업 관리자들에게 교훈이 되리라 언급한 내용으로, 본래 출처는 '손자병법'이라고 한다.

장수에는 다섯 가지 위험한 유형이 있다. 죽기를 각오하고 싸우는 장수라면 죽이기 쉽다. 자기만 살려고 애쓰는 장수는 포로로 잡으면 된다. 화를 잘 내는 장수는 모욕을 주면 된다. 청렴결백한 장수는 욕을 보이면 된다. 백성을 사랑하는 장수라면 백성을 괴롭히면 된다. 전쟁에서 이기려면 상대방 장수의 약점을 잘 살펴서 이를 역이용하면 된다.

형식은 책을 읽는 독자에게 말하는 것이지만 사실은 안철수 본인이 이 내용에 가장 관심이 클 것이다. 그리고 자기 적용을 깊게 생각하고 있을 테다. 이 5가지 장수(혹은 관리자)의 유형 중 그 자신은 어디에 속할까? 그는 아마도 이 비유를 통해 자신의 약한 고리를 파악하고, 또 그러한 부분에 대해 자기 개혁을 하고자 했을 것이다.

같은 책에서 그는 각 장수를 현대의 5가지 관리자 유형으로 풀이한다.

'죽기를 각오하고 싸우는 장수'는 현대적인 의미로 해

석하면 '전략적인 사고 없이 무조건 열심히만 하는 관리자'로 볼 수 있다. (중략) '자기만 살려고 애쓰는 장수'는 '조직의 이익보다 개인의 이익을 우선시하는 관리자'로 해석할 수 있다. (중략) '화를 잘 내는 장수'는 '부하 직원에게 감정을 잘 드러내는 관리자'로 해석할 수 있다. (중략) '청렴결백한 장수'는 '지나치게 자신만의 원리원칙에 집착하는 관리자', 또는 더 넓은 뜻으로 '고집 센 관리자'로 해석할 수 있다. (중략) '백성을 사랑하는 장수'는 '마음 약한 인사 관리자'로 해석할 수 있다. 직원이 잘못하고 있는 일에 대해서는 정확하게 지적을 해주는 것이 그 직원이 성장할 수 있는 좋은 기회를 제공하는 것임에도, 마음 약한 관리자는 지적을 하지 않고 그냥 넘어가는 경우가 많다. 또한 사람을 적재적소에 배치하는 것이 전체 조직이 잘되기 위해 당연한 일인데도, 마음이 약해 적합하지 못한 사람의 업무를 바꾸어주지 못하고 하부 조직 관리자를 더 능력 있는 사람으로 바꾸지도 못한다. 결국 마음이 약해 전체 조직을 그르치게 되는 것이다.

추측건대 안철수는 네 번째인 '청렴결백한 장수'와 다섯 번째인 '백성을 사랑하는 장수' 유형에 가까울 것이다. 그중에서도 다섯 번째가 좀 더 강하지 않을까? 그 자신이 스스로 약점이 될 수 있는 부분을 잘 알기에 이 같은 이야기에 관심을 가졌을 것이고, 그리고 실제 회사를 운영하면서 최대한 어느 유형에도 빠지지 않도록 자신을 단련하고 또 단련했던 것이다.

10년여 동안 안철수연구소에서 커뮤니케이션 팀장직을 수행하며 안철수의 대내외 커뮤니케이션 창구 역할을 한 박근우의 경험담은 이러한 부분을 더욱 분명히 증명해 준다.

2003년 어느 날, 그는 안철수에게서 이메일을 하나 받는데 내용은 다음과 같았다.

"어제까지 보고를 기다렸지만 아무 답변이 없었습니다. 앞으로 이런 일이 재발한다면 제 마음 속에서 지워버리겠습니다."

[안철수 He, Story] 박근우 지음, 리더스북

박근우가 해당 마감일에 제출하려 했던 한 보고서를, 그의 상사가 조금만 더 완벽한 보고서를 준비하자며 만류해서 미처 제출하지 못하자 안철수로부터 왔던 메일이라고 한다. 그에겐 너무 충격이었고, 그 이후로 모든 보고서를 기한 내에 마쳤다고 한다. 사실 위의 '제 마음 속에서 지워버리겠습니다' 라는 문장은 해석하기에 따라서는 조금 애매한 문장이기도 하다. 하지만 흐트러진 마음을 다잡는 역할을 하기에는 충분했다.

어떻게 보면 작은 에피소드이지만, 좀 더 완성된 자신을 만들기 위해 자신이 말한 대로 '스스로 치열하게 고민하고 노력'하는 안철수의 모습을 볼 수 있는 좋은 사례이다.

인내심의
속사정

많은 사람이 안철수가 더 거대한 일들, 예를 들면 국가행정이나 정치요직을 맡았을 때 과연 그 일을 감당할 수 있을 것인가 의구심을 가진다. 그러나 그것은 그를 유약하거나 부드러운 사람으로만 파악한 것이다. 건강한 평화주의자로서 그의 속성을 이해하고 많은 일을 성취해온 삶의 패턴을 분석하면, 엄청난 인내심과 지구력, 집중력 등 안철수가 가진 내면의 힘을 발견하고 그가 생각보다 강인한 사람이라는 데 놀라게 된다.

평화주의자 유형이 가진 힘의 가장 큰 원천은 심오한 인내심이다. 상대방을 있는 그대로 인정하고 그들이 자신의 방식대로 발전해 나가도록 허용하는 이 인내심은 고요한 힘과 엄청난 지구력에 의해 유지된다. 건강한 평화주의자는 자신의 목표를 향해 꾸준히 인내심을 갖고 일해서 그것을 성취하며,

특히 일이나 인간관계에서 경쟁할 때 어려운 상황에서도 끝까지 지치지 않고 버텨서 상대방을 물리치는 힘과 강한 의지를 가지고 있다.

건강한 평화주의자는 이미 내적 안정을 확보했기에 위기 상황을 다루는 데 아주 뛰어나다. 삶의 작은 기복뿐 아니라 좌절, 재앙 등도 이들의 균형을 깨뜨리지 못한다. 다른 사람이 불안 때문에 지나치게 반응할 때도 평화주의자는 조용하고 차분하게 그 순간 해야 할 일들을 해 나간다.

사람들이 안철수를 보고 이해할 때 가장 먼저 접하게 되는 부분이 바로 인내심이다. 가히 초인적이라 할 인내심은 그의 내부에 존재할 것 같은 고요한 힘과 엄청난 지구력까지도 느끼게 해 준다.

심오한 인내심의 흔적을 엿볼 수 있는 에피소드로는 여러 가지가 있다. 그중 하나는 어릴 적 독서에 관한 일화이다. 어린 시절 책을 읽을 때면 책의 마지막 페이지 출판연도까지 읽어야 그 책을 다 읽었다 느꼈다고 한다. 본인은 그것을 활자 중독증이라고 표현했지만, 사실은 책 한 권을 다 읽는 마지막 순간까지 흔들리지 않고 집중하고 인내하는 것이었다. 이 에피소드에서 알 수 있듯, 안철수에게 인내심이란 또한 집중력이기도 하다. 스스로 자신은 집중력 하나는 정말 강하다고 이야기하기도 했다.

마지막 장까지 다 읽는 습관은 얼핏 강박적으로 보이기도 한다. 하지만 사실 집중력과 편집증은 종이 한 장 차이라 할 수 있다. 이러한 성향을 잘 이용하면 엄청난 인내력과 집중력이 될 것이고, 본인이 그에 매몰되어 빠진다면 강박이나 편집이 될 것이다. 편집증에 가까운 집중력을 잘 활용한 대표적 인물로는 인텔의 CEO였던 앤디 그로브를 들 수 있다. 안철수는 그로브의 저서 ≪편집광만이 살아남는다≫를 읽고 놀란 적이 있다고 했는데, 아마 자신과 비슷한 모습을 보았기 때문이 아니었을까?

그로브와 마찬가지로, 안철수는 이러한 자신의 측면을 '도구'로서 잘 사용했기에 삶의 주인이 될 수 있었다. 사실 그의 초등학교 시절 등수는 중간 정도였고, 중학교 때야 비로소 어느 정도의 성적을 냈다고 한다. 그런데 고등학교 3학년이 되어서 마침내 전교 1등을 한 데는, 어릴 적 이렇게 집중해서 책을 읽었던 습관과 태도가 크게 작용했다. 의대에 들어가서도 뛰어난 동기생보다 더 나은 성적을 얻는 초석이 되었음은 물론이다.

7년여에 걸친 컴퓨터 바이러스 백신 개발 과정 역시 그의 깊은 인내심을 극명히 드러낸다. 1988년 6월 처음 백신을 개발한 이후 1995년 3월 의사 생활을 그만두고 안철수연구소를 창업하기까지, 그는 장장 7년 동안 새벽 3시에 일어나 혼자서 백신 프로그램을 개발하는 일을 해낸다. 누구의 도움도 없이, 어려운 의대 생활과 병행하면서 말이다. 안철수는 아무런 보상도 없는 가운데 자신이 가지고 있는 기본 철학, 자기가 사회에서 받은 것이 있다면 그것을 다시 사회에 되돌려 주는 것이야말로 보람 있고 할 만한 일이라는 원칙에 따라 7년 동안 초인 같은 힘을 발휘했던 것이다.

얼핏 평화주의자들은 유약하고 조용하고 고요하기만 한 듯 보이지만, 사실상 그들은 3가지 유형(장형, 가슴형, 머리형) 중 가장 원천적이고도 큰 힘을 보유한 장형이다. 특히 평화주의자는 장형들 중에서도 중앙에 위치하고 있다. 평화주의자가 미성숙한 상태일 때는 세상과의 연결 혹은 세상으로부터 영향 받는 것이 두려운 나머지 내면의 거대한 힘을 발휘하지 못하지만, 성숙한 평화주의자가 되면 그보다 활기찬 유형이라 여겨지는 가슴형이나 머리형들보다도 더 본질적이고 거대한 힘을 발휘하는 것이다.

7년에 걸친 백신 개발의 과정은 장형의 중심인 평화주의자가 가진 엄청난 생의 에너지를 선명하게 드러낸다. 그가 미래에 어떤 일을 하더라도 비슷한 모습을 보이리란 사실을 어렵지 않게 짐작할 수 있다.

성숙한 평화주의자의
내적 잠재력

이러한 초인적인 인내심과 집중력의 흔적은 두 번에 걸친 미국 유학생활에서도 찾아볼 수 있다. 첫 번째 유학은 1995년 안철수연구소를 세우고 몇 개월 지나서 떠난다. 그해부터 1997년까지 미국 펜실베이니아 대학교에서 공학 석사(EMTM, 일종의 테크노 MBA) 과정을 공부했다. 처음 배우는 첨단기술 관련 경영학 공부를 그것도 영어로 해야 하니 굉장히 힘들었다고 한다. 게다가 몸은 미국에 있지만 한국의 회사는 날이 갈수록 일과 챙겨야 하는 직원이 더 많아져서 매달 한 번 이상 귀국해야 했다. 사실 웬만큼만 공부했어도 충분히 학위를 받고 돌아올 수 있는 상황이었다. 그러나 선택한 것에 대해서는 병적일 정도로 완벽하게 해내야 직성이 풀리는 성격 때문에 과제도 꼬박꼬박 하고 스스로 만족할 수 있는 수준의 리포트를 작성하려고 자주 밤을 새웠다. 거의 이틀에 하루 꼴로 밤을 지새웠는데, 이렇게 꼬박 2년을 개인적인 휴식에는 전혀 시간을 투자하지 않았다. 늘 몸과 마음이 바쁘고 시간이 부족하다 보니 때로는 너무 힘들어서 죽고 싶다는 생각이 들 때도 있었단다. 아름답다고 소문난 학교 풍경도 졸업할 무렵에야 겨우 눈에 들어왔다. 대학원 공부를 마쳤을 때는 그저 날아갈 것만 같았고, 마침내 지옥에서 벗어났다는 생각이 들었다고 한다. 정말 어마어마한 인내심과 집중력이 아닐 수 없다. (결국 1997년 말 유학을 마치고 귀국한 그는 급성간염으로 바로 쓰러졌다. 그런데 복수가 차오르고 눈에 황달이 사라지지 않을 때조차도 그는 회사 일에 대한 걱정 외에 개인적인 문제, 즉 심각한 건강상태와 죽음 등에 대해서는 무덤덤한 반응을 보인다.)

두 번째 유학생활은 2005년 회사가 가장 성공적으로 운영되고 있던 시기에 떠났다. 이번에는 장장 1년간의 고민 끝에 국내 벤처와 중소기업들의 어려운 상황을 개선하고 산업 전반에 자신의 능력을 쓸 수 있으면 좋겠다는 생각으로 대표이사직을 사임한다. 그리고 미국 스탠퍼드 대학교 벤처 비즈니스 과정을 거쳐 펜실베이니아 대학교 와튼스쿨 경영학 석사 과정을 밟는다. 이번에도 그는 교환교수 등의 편한 상태로 가면 제대로 공부가 되지 않을 것이라 생각하고 일반학생들과 같은 시험과 과정을 거쳐 유학생활을 시작한다. 40대 중반의 나이에, 그것도 성공한 기업의 CEO였던 사람이 다시 일반학생들과 똑같은 공부를 하다니 어마어마한 인내심과 집중력을 요하는 과정이었을 것이다.

여기서 한 가지 의문이 생겨난다. 안철수뿐 아니라 모든 평화주의자, 아니 모든 사람은 거대한 내적 잠재력, 생명 에너지의 무한한 힘을 가지고 있다. 그런데 왜 우리는 안철수처럼 그 힘을 사용하지 못하는 것일까?

삶의 에너지에서 가장 근원적인 바탕이 되는 것은 진정한 내면의 안정과 평화이다. 이것이 바탕이 되면 엄청난 힘이 나올 수 있다. 그런데 이 내적 평화란 다른 어딘가에서 구해지거나 찾을 수 있는 것이 아니라, 이미 자신 안에 존재하는 것이다. 많은 사람이 이 사실을 알지 못하거나 오해한 나머지 평화와 안정을 찾기 위해 에너지를 낭비한다. 그러나 자기 안에 이미 존재하는 절대적 안정을 알아차리면 그것을 바탕으로 본래 가지고 있는 엄청난 힘을 발휘할 수 있다. 보통 사람이 보기에는 거의 초인적으로까지 보이는 심오한 인내력은 그 '엄청난 힘'의 일부라 하겠다.

많은 사람은 안철수의 이러한 측면을 정확히 파악하지 못하고 있다. 안철수가 더 거대한 일들, 예를 들면 국가행정이나 정치요직을 맡았을 때 과연 그 일을 감당할 수 있을 것인가 의구심을 가지고 있는 이들도 많다. 그러나 그것은 안철수의 평화주의자적 기질의 극히 일부분만을 보고 그의 전부로 판단한 것이다. 건강한 평화주의자적 속성을 파악하고 많은 일을 성취해온 삶의 패턴을 분석하면, 안철수의 엄청난 인내심과 지구력, 집중력 등 내면의 힘을 발견하고 그가 생각보다 훨씬 강인한 사람이라는 데 놀라게 된다.

안철수를 움직여온 힘 (2)
치료자 본능

안철수를 설명하는 중요한 키워드 중 하나는 바로 '치료자 본능'이다. 의사에서 컴퓨터 바이러스 백신 개발자로, 그리고 정치권 폭풍의 핵으로 등장하기까지 인생이 바뀌는 중요한 순간마다 치료자 본능은 착한 분노만큼이나 그를 이끄는 원동력이 되어왔다. 안철수가 지닌 치료자 본능이란 무엇이며, 이러한 그의 기질이 한국사회에 어떤 변화를 가져올 수 있을지 살펴보자.

안철수의 인생을 설명하는 키워드로서 '착한 분노'만큼이나 중요한 것은 그의 '치료자 본능'이다. 요즘 유행어를 빌리자면 '모든 종류의 바이러스 종결자'라 할 수 있겠다.

안철수가 삶에서 처음 택한 공부와 직업이 '의사'였던 것은 결코 우연이 아니다. 물론 본인은 아버지의 영향이 컸다고 이야기하지만 그것만이 전부는 아닐 것이다. 더욱 흥미로운 것은, 어쩌면 무언가를 치료하는 쪽으로 발달한 의학 공부가 그에게 무의식적 영향을 주어 '치료 본능'에 상승작용을 일으켰을 수도 있다는 점이다. (그리고 이 치료 본능은, 사실 잘못된 것에 대한 '착한 분노의 본능'과 연결되어 있다.)

안철수의 삶을 보면 그는 끊임없이 잘못된 것, 모순된 것, 병적인 것들을 치료하는 삶을 살아왔다. 의대와 의사 생활이 그러했고(비록 연구직이었지만 목적은 동일), 컴퓨터 바이러스를 대했을 때 발동한 그 강력한 치료 욕구가 그러했다. 성공한 CEO가 된 후에는 자신의 회사는 괜찮지만 전체 사회의 기업환경과 구조가 병들어 있다는 것을 항상 느껴왔기에 그냥 있을 수 없었다. 그래서 기업환경과 관련된 '사회적 병'의 치료를 위해 늦은 나이임에도 불구하고 과감히 유학을 다녀온다. 그리고 실제로 그 '치료 활동'에 나섰다.

단지 기업과 경제적인 부분에 대해서만이 아니었다. 여러 매체에 칼럼 등을 게재하고 인터뷰를 하며, 그는 한국 사회 전체의 병과 모순, 미성숙과 불합리 등에 대한 치료 본능을 계속해서 표현해 왔다. 저서나 칼럼, 인터뷰 등을 자세히 보면 그가 얼마나 우리 사회 전반에 걸쳐 깊은 관심을 둬왔으며, 문제점들이 올바르게 고쳐지기를 갈망하는지 알 수 있다. 지난 2011년 서울시장 보궐선거에서는 정치적 의도로 왜곡된 서울시의 행정을 치료하고 싶어했다. 만약 박원순이 나서지 않았다면 안철수가 선거에 직접 나섰을 것이다. 그리고 이제 마침 내 가장 범위가 넓은 한국 사회 전체에 대한 치료에 적극적인 행동으로 나설 상황에까지 왔다. 바로 2012년 12월의 대통령 선거이다.

분열과 갈등의 치료제

한국 사회에 치료가 필요한 영역은 어디일까? 가장 중증인 것은 역시 우리 사회에 존재하는 '분열 의식'이다. 다른 말로 하면 '집단 간 갈등의식'이라 하겠다.

이제는 많은 이들이 알고 있는 집단무의식(Collective Unconscious) 이론이 있다. 일상을 영위할 때 각 개인은 모두 분리되어 있고, 생각도 행동도 따로 하는 것으로 느낀다. 그런데 인간이 모여서 서로 연결되어 살아가다 보면 다분히 공통으로 가지게 되는 의식과 생각, 느낌이 있다. 접근하는 관점에 따라서 이러한 집단적 의식을 단순한 개개 의식의 공통된 흐름으로 보기도 하고, 더 나아가 개인을 넘은 어떤 큰 의식적 흐름이 존재한다고 해석하기도 한다. 어떤 해석이든 우리 사이에 '집단적으로 존재하는 의식'이 있다는 결말은 비슷하다.

현 한국 사회 전체 구성원들의 문제는, 대표적인 몇 가지 가치관이나 이념에 대한 판단에서 '극단적으로 갈리는 분열 현상'을 보인다는 것이다. 진보냐 보수냐가 가장 대표적인 경우이며, 남북 분단이라는 지구 상 마지막 시대적 모순이 존재하는 환경적 요소가 그것을 더욱 부채질하고 있는 형국이다. 이것은 특히 세대에 따라 20~40대까지의 젊은 층과 50대 이상의 장노년층으로 극명하게 갈린다. 더욱 큰 문제는, 정치권 일부에서 이러한 분열 현상을 이용하여 시대에 한참 뒤쳐진 이념 논쟁, 색깔 논쟁을 부추기고 갈등을 조장한다는 것이다.

세대 간 갈등뿐 아니라, 경제적 이슈에 있어서도 분열 현상은 마찬가지다. 성장을 추구하며 시장 자본주의적 경제논리만을 최우선으로 여기는 측과, 국민 대다수를 차지하는 전체 서민을 위한 보편적이고도 적극적인 복지를 주장하는 측이 팽팽하게 대립하고 있다.

핵심은, 이러한 이념적 혹은 경제적 주장의 차이가 서로 논의를 못 하거나 합의점을 찾지 못할 만큼 극단적 문제는 아니라는 데 있다. 국가와 국민 전체의 좀 더 나은 삶과 행복을 추구하는 공동목표를 바탕으로 한다면, 얼마든지 여러 합의를 만들어 낼 수 있고 또 지혜로운(기계적인 중립이 아닌) 변증법적 중도의 해결책을 함께 찾아 나갈 수 있음에도, 현재 한국 사회에서는 그것이 되지 않고 있다.

만약 한 개인의 생각과 가치관, 행동에 여러 극단적인 면들이 존재한다면 분열 상태라 진단할 수 있다. 반드시 정신과적 진단이 아니더라도 상식선에서 내려질 수 있는 진단이다. 한 마디로 엄청나게 혼란스러운 상태에 있다는 것이다. 한국 사회 구성원 전체의 의식을 하나의 의식으로 본다면, 바로 이 집단의식이 혼란스러운 분열 상태에 처했다고 볼 수 있다. 정신적 분열을 겪는 개인은 정신적·심리적으로는 물론, 몸 상태도 점점 더 안 좋아질 것이다. 이는 사회 구성원들의 집단의식에도 적용될 수 있다.

현재 한국 사회 혹은 그 집단의식은 이러한 분열 상태로 모두 힘들어하며 고통스러워하고 있는 상황이다. 하지만 이 분열을 치료하거나 통합하려는 진정한 노력은, 불행하게도 아직 일어나지 않고 있다. 즉, 필요한 치료가 아직 취해지지 않고 있는 것이다. 이것은 어느 한 개인이 할 수 있는 일이 아니다. 하지만 이 치료를 행할 수 있는 도구로서의 '한 개인'은 필요하다. 아무리 집단의식적 작업이라고 해도 전체 집단이 직접 나설 수는 없는 만큼, 자격을 갖춘 혹은 위임을 받은 대표적 개인들이 집단을 대표해 역할을 수행하는 식으로 치료가 진행되어야 하기 때문이다.

안철수에 대한 흔들리지 않는 지지율은 그가 이러한 치료자 역할을 할 수 있으리라는 데 대한 기대감의 표현이 아닐까? 그의 삶 자체를 증거이자 바탕으로 한다면 그가 기꺼이 자신을

이 시대의 도구로 내어주고 기능할 수 있으리란 예상도 무리
는 아닐 것이다.

이제까지도 여러 정치인이나 대표적 개인들이 적잖게 이러
한 역할과 기능을 수행하려 노력해왔으나, 결과는 만족스럽지
못했고 한계는 컸다. 이것은 그들 개인의 문제라기보다는 그
들을 포함한 우리 모두의 한계라고 봐야 한다.

타고난 평화주의자로서, 안철수는 시대적 역할을 가장 잘
수행할 대표적 개인이라고 할 수 있다. 단순히 능력이 탁월해
서가 아니다. 현재로서는 그가 분열 상태가 통합되길 원하는
우리 모두의 갈망에 가장 깊이 그리고 진실되게 접속하고 있
기 때문이다. 달리 말하자면, 이러한 한국인들의 집단의식적
바람을 가장 잘 느끼고 있는 예비 대선주자 중 한 명이라 말할
수 있겠다. 어쩌면 우리는 일종의 대표 주자로서 안철수를 만
드는 집단의식적 작업을 하고 있는 것일 수도 있다. 마치 진정
한 통합에 대한 우리의 갈망의 정수가 그를 통해 표현되고 발
현되고 있는 듯이.

경쟁력 있는 기업생태계를 위한 백신

두 번째로 가장 치료가 필요한 분야는 한국 사회의 기업·경

제 시스템이다.

이는 안철수가 직접적으로 가장 많이 언급한 영역이자 관심을 가지고 있는 부분이기도 하다. 그는 특히 경제 기득권층의 과도한 특권에 대해서 큰 목소리로 계속 경고해 왔다. 물론 이 경고는, 재벌과 대기업으로 지칭되는 그들이 무조건 죄인이고 모든 것을 잘못했다는 의미가 아니다. 과거 한국은 후발주자로서 급속한 발전을 이루고자 필요에 의해 그들을 우선 우대하고 지원하는 정책을 펼쳐왔고, 그 결과 국가 전체의 경제규모나 부가 커진 긍정 효과가 있었음은 분명하다.

그러나 안철수가 말하는 문제는 첫째, 기득권층이 지나친 특권과 기득권 유지를 통해 계속 본인들만 비대해진다면 이것은 서민과 중소기업들을 희생양으로 삼는 것임은 물론, 결국에는 그들 자신도 잘못될 수밖에 없다는 것이다. 이것은 분노나 저주가 아니라 객관적 통찰이다. 안철수는 로마가 멸망한 원인은 기득권층의 과도한 사익추구였다며 역사적 증거를 언급하기도 했다. 분열된 한 개인이 무너지듯, 분열된 한 사회도 결국 무너질 수밖에 없는 것이다. 우리보다 먼저 경제적 발전의 역사를 경험한 유럽과 미국 등은 이러한 사태에 통찰과 지혜를 적용, 이미 재벌이나 거대 기업에 적절한 조처(재벌 개혁 정책)를 취했기에 오늘날 안정적인 사회 시스템을 유지하고 있다. 일종의 사회적 대타협을 이룬 나라도 적지 않다.

하지만 한국 기득권층은 자신의 모순을 보지 못하고 있다. 그래서 마치 암세포가 자신만 살기 위해 주위 모든 세포를 암세포화 시키며 끊임없이 증식하듯 계속 증식하는 중이다. 그 욕심과 탐욕과 두려움 때문에, 이대로 가면 결국 몸통 전체가 죽을 수밖에 없음을 모르는 것이다.

두 번째 문제는, 이제는 더 이상 과거의 방식, 즉 수직적이고 권위적이며 일방적인 경제·기업 시스템은 통하지 않는다는 것이다. 만약 한국 사회 내에서라면 그런 식으로도 계속 살아남을 수 있을지 모른다. 그러나 우리의 경쟁 상대는 전 세계의 글로벌 기업들이다. 애플, 구글, 그리고 최근 몇 년 사이에 엄청나게 성장한 신생기업들은 수평적인 기업 생태계를 조성함으로써 오늘날과 같은 성장을 일궈낼 수 있었다. 과거의 방식으로 그들을 이길 수 없음은 자명하다. 그러면 결국 그들의 하청업체가 되거나, 그마저도 되지 못하면 고사할 수밖에 없을 것이다. 안철수는 이런 부분을 걱정하는 것이고, 계속 이렇게 나아가면 우리 모두가 죽을 수 있기에 어렵더라도 뼈를 깎는 혁신과 개혁을 해야 한다고 주장해 왔다.

이제 그는 자신이 구상해온 '치료'를 행할 수 있는 기회를 눈앞에 두고 있다. 이것은 그 개인만을 위한 것이 아니며, 그가 평생을 삶으로 증명해온 가치와 철학을 우리 모두를 위해 펼칠 기회가 될 것이다.

구태정치와의
절취선

세 번째로 치료가 필요한 곳은 우리 사회의 정치 영역이다. 물론 이것은 정치계와 정치인들만의 문제나 책임은 아니다. 문제의 정치인들을 계속 투표로 선출해온 것이 바로 우리 자신이기 때문이다. 모두의 공동책임이라 하는 것이 정답일 것이다. 그럼에도 불구하고, 존재하는 불합리와 비상식과 모순을 해결하지 못하고 오히려 심화시키거나 이용해 온 정치권과 정치인들의 책임을 묻지 않을 수는 없다.

안철수는 그의 글에서 정치는 적을 믿어야 하고 전쟁은 적을 믿으면 안 되는데, 한국에는 그런 의미에서 진정한 정치가 없다는 진단을 하기도 했다. 사실 정치권에서의 분열과 모순은 정치인들만의 것이라기보다는, 그들을 지지하고 선출해온 무수한 국민의 분열 및 모순의 투영과 반영이라고 해야 할 것이다. 한국 사회의 세대 간, 계층 간 분열 현상은 정치권에 그대로 반영된다. 정치인들은 이를 대표하여 표현하고 행동하는 것이다. 그래서 전쟁에서나 있을 법한 '적'의 개념이 정치권에서 일반화되고, 전쟁이 아닌 정치를 하면서도 상대방을 믿지 못하는 것이 우리의 안타까운 현실이다.

정치 영역에서의 치료는 그 아래 단계인 전체 국민 영역에서의 치료와 맞물리기도 한다. 이런 의미에서 안철수가 지닌 최대 강점은, 보수나 진보 어느 쪽에 특별히 관심이나 끌림이 없는 다수 중간층의 막강한 지지를 받고 있다는 데 있다.

여론조사를 해보면, 여당 혹은 야당의 대선후보 어느 쪽도 적극적으로 지지하지 않는 중도층의 상당수가 안철수에게 지지를 보내고 있다는 분석이 나온다. 아마도 그 이유 중 하나는 안철수가 중도층의 마음을 움직이는 '중간의 목소리'를 내고 있기 때문이 아닐까?

한국 사회에서 정치·사회는 특히 민감한 영역으로, 중간의 목소리는 거의 금기시되다시피 한다. 고통스러운 시대적 현실을 외면하는 비겁한 목소리라며 비판받으며, 실상 어느 진영에서도 환영받지 못한다. 그래서 한국 사회의 정치 영역에서 중간자적 목소리를 선호하는 상당수 중도층은 소외되어온 것이 현실이다.

그런데 안철수는 사회에 대해 적극적이고 구체적인 개혁의 필요성을 적극적으로 말해 왔으며, 자신이 할 수 있는 일들을 최선을 다해 실현해 왔다. 그러면서도 항상 중간자적 목소리를 잃지 않았다. 이것이 소외되어 왔던 중도층의 마음을 움직이고 있는 것이라 볼 수 있다.

또한 그는 보수와 진보성향 양쪽에서 모두 폭넓은 지지를 받고 있다. 이 경우, 그가 올바른 정책과 정치철학을 이야기할 때 폭넓게 받아들여질 가능성이 커진다. 내용은 옳아도 상대

진영에서 나오는 말엔 무조건 거부감을 가지거나 반대하게 되는 부작용이 최소화될 수 있다. 이것은 정말 엄청난 정치적 자산이다.

실제 정치계의 치료도 가능하다. 사회와 국민 전체보다는 항상 자기 집단의 사익을 주되게 추구하는 한국 정치계의 고질병이 이제는 치료되어야 한다. 그러기 위해서는 그 치료를 행하는 본인부터 먼저 건강해야 하는데 안철수는 그런 측면에서 사실상 가장 '건강'한 정치인이 될 것이기 때문이다.

한편, 정치 영역과 관련하여 언론(방송) 영역의 치료 또한 빠뜨릴 수 없다. 과거 안철수가 한국 언론의 현실에 대해서 직접적인 언급을 한 것은 많지 않았다. 그중에서도 아래 내용을 보자. 보수와 진보 각각 두 군데 언론사 사이트로 직접 가서 전체적인 레이아웃을 통해 중요한 뉴스를 판단한다는 이야기 뒤에 이어지는 내용이다.

정관용 : 그런 양쪽 신문들을 매일 클릭해서 보시면 그들이 펴고 있는 논조나 행태 같은 것들이 보이지 않습니까? 전체적으로 마음에 드세요, 아니면 언론도 많이 바뀌어야 한다고 생각하세요?

안철수 : 개선될 점들은 많지요. 발전은 많이 했고요, 예전에 비해서. 제가 80학번이니까 광주 민주화운동, 그때

아닙니까? 사실 그때, 제가 나름대로 충격을 받고 하나 깨달은 게 있다면, 사실과 진실이 다르구나, 그걸 80학번 학생 때 처음 깨닫고 충격을 많이 받았거든요. 그래서…… 신문들이 그 당시에도 사실보도를 했지만 한쪽 편의 사실만 열거하니까 진실이 아닌 보도를 하게 되더라고요. 그런 게 참 그때 이후로 잊혀지지 않는데, 지금도 어떻게 보면 사실 확인 측면에서는 좀 더 많이 떨어지는 것 같다는 생각도 하게 됩니다.

정관용 : 사실보다 주장에 열을 올리지 않나요?

안철수 : 뭐, 선진언론들을 제가 인터뷰도 해보고 경험들을 해보다 보면, 우선은 여건이 좋은 건 확실한 건 같습니다. 뭐냐면 제가 어떤 그 당시에 외국 기자와 인터뷰를 했는데요, 그 사람이 하루 종일 저랑 같이 대화를 나눴고요, 그 다음에 워싱턴 D.C.에 있는 본사로 돌아간 다음에 한국에 제가 했던 말들, 전부 사실확인을 했고요, 그리고 나서도 보충취재를 하고 하면서 일주일에 아티클(기사) 하나 썼습니다. 그런데 보면 한국 기자 분들은 하루에도 여러 편을 써야 되거든요. 그 여건 차이도 있는 것 같기는 하지만 사실확인에 시간 투여가 조금 적은 것 같다는

그런 느낌을 받고요. 그리고 또 사실보다는 본인의
의견들이 많이 녹아있는 것 같습니다.

[시사자키 정관용입니다] CBS라디오, 2011. 5.11

2012년 한국 사회에서는 사상 유례없는 '언론사 총파업'이
진행 중이다(이 글을 쓰고 있는 현재). 안철수는 과거엔 다른
분야에 비해 한국 언론에 대한 언급을 특별히 많이 하지 않았
다. 그런데 2012년 3월 16일에 열린 공중파 방송3사의 '낙하
산 사장 퇴진 축하 콘서트'에는 아주 선명하고 강한 동영상 메
시지를 보낸다. 아래는 관련 기사이다.

　　안철수 원장은 16일 열리는 방송 3사의 '낙하산 사장 퇴
　　진 축하' 콘서트에 보낼 동영상 메시지에서 "방송은 공공재
　　이기 때문에 정권에 따라서 경영진이 바뀌고 보도방침이 바
　　뀌는 것은 정말 바람직하지 않다"며 방송의 친정부적 편향성
　　을 정면으로 비판했다. 안 원장은 "어떤 정권이 들어서라도
　　바뀌지 않을 수 있는 그런 방법, 모두의 미래를 위해 계속 사
　　명감을 가지고 진실을 보도할 수 있도록 환경을 만들어 주는
　　게 우리 모두의 중요한 과제"라며 방송 개혁의 필요성을 강
　　조했다. 이어 "진실을 억압하려는 외부의 시도는 있어서도
　　안 되고 차단돼야 한다"며 "국민의 한 사람으로서 열심히 일

하는 많은 방송인들, 방송사들이 정말 본연의 자세에서 역할을 잘 할 수 있게 되는 날이 오기를 기대한다"고 밝혔다.

[미디어스] 2012. 3.12

안철수는 언론사 총파업 콘서트 지지 동영상에서 사실상 자신의 언론관의 핵심을 모두 보여 주었다. 동영상을 통해 밝힌 그의 의견에는 이제까지 말해오고 또 실제 그렇게 살아온 삶의 궤적이 그대로 반영되어 있다. 바로 '원칙과 정의 그리고 상식'이다.

혹자는 대선 예상 후보로서 높은 지지율을 얻고 있는 그라면 당연히 저런 의견 정도 표시할 수 있다고 여길지도 모르겠다. 그러나 아무리 지지율에서 1~2등을 한다고 해도, 이러한 의견을 밝힌 당시 그는 여전히 고작 한 대학원의 학과장일 뿐이었다. 게다가 아무런 정치적 기반도, 세력도 주위에 없는 상황이다. 그럼에도 첨예한 정치적 이슈라고 할 수 있는 언론사 총파업에 대해 저토록 선명한 메시지를 표현했다는 것 자체가 대단한 것이라고 평할 수 있다. 더구나 모두가 그의 발언 하나하나에 주목하는 상황에서 말이다.

사실 어느 정도 경제적·문화적 수준을 이루었으면서도 지금의 한국 사회만큼 언론의 문제가 큰 나라는 거의 없다. 한국의 언론은 도저히 현 국가의 수준에 맞지 않다고밖에 할 수 없다. 물론 언론 수준 역시 국민 수준의 또 하나의 투영일 수도 있다. 그러나 이 분야만큼은 언론 종사자들 본인의 책임이 가장 크다. 언론 시스템과 정책을 결정하는 정치인과 관련 행정가들 또한 마찬가지다. 언론계 자체적으로 개혁을 하거나 치료하는 것은 불가능할 것이다. 사회적 공감대와 참여가 필요하며, 그에 앞서 관련된 법과 제도 장치들의 '치료'가 필요하다. 위의 동영상 메시지로 보건대 안철수도 이 부분을 생각하고 있는 듯하다.

위로하는
심리치료자

네 번째 영역은 '개인적·집단적 치료'이다. 갑자기 무슨 말인가 할 것이다. 안철수가 무슨 심리상담가도 아니고 더구나 그러한 일을 하기에는 지금 너무나 큰 일들을 맡고 있기 때문이다. 여기서 잠깐, 안철수가 CEO 시절 대학생 기자단과 가졌던 모임에서 한 학생이 작성한 후기 일부를 보자.

맑고 투명하게, 그러면서도 명쾌하게 대답해주어서 듣고 나면 속이 후련해짐을 느꼈다. 왠지 안철수 의장과의 대화는 말하기 치료(talking cure)와도 같은 효능을 발휘했다.

그의 진정한 리더로서의 매력을 눈앞에서 확인한 나는 새로운 인생을 살 수 있을 것 같은 자신감을 얻었다. 예전에 뉴스에서 안철수 의장이 안철수연구소를 나올 때 많은 직원이 눈물을 흘리는 장면을 보았는데 그 광경이 이제는 확실하게 이해가 된다. 그의 매력을 느낀 사람이라면 그에게 빠져들지 않을 수 없을 것이다.

[보안세상] 대학생 기자 장효찬 작성, 2010. 9. 2

실제로 어느 인터뷰에서 안철수는, KAIST에서 학생들을 가르칠 때 수업을 듣던 학생들이 종종 개인면담을 신청해 오는 경우가 있었는데 그중 절반에 이르는 많은 학생이 자신과의 면담 중 울었다는 말을 한다. 아마도 그가 가진 일종의 '개인적 (심리)치료'의 측면이 드러난 것이 아니었을까? 전문적인 심리상담이나 혹은 심리치료의 뜻이 아니라, 모든 심리치료의 핵심인 공감 능력을 애초부터 크게 가지고 있었던 것이 아닌가 생각된다. (그는 어릴 적 소설을 읽을 때도 줄거리보다는 주인공의 심리와 정서에 대해서 많이 궁금해하고 반응했다고 한다.) 학생들도 그것을 느꼈기에 학생과 교수 간의 면담이었지만, 답답한 심정이 안철수 앞에서 풀어졌던 것이리라 이해된다.

이와 연관해서 흥미롭게 볼 만한 기사가 있다. 한홍구 성공

회대 교수와 소설가 서해성이 '직설'이라는 제목의 신문 대담 중 안철수와의 대화에 대해 언급한 부분이다.

서해성 소장은 안 원장과 관련해 "안철수를 한마디로 말하면 '3초 뒤'다. 상대방의 말이 끝나길 기다려 정색하고 앞을 보고 이야기한다"며 "무슨 말을 백신으로 치료하듯 한다. 그게 (사람을 설득하는데) 죽이는 방법"이라고 총평했다.

서 소장은 '3초 뒤'의 의미에 대해 "꼼수를 쓸려고 다른 말을 준비하는 3초가 아니라 남의 말을 경청하고 온전한 말을 하기 위한 의미에서 3초"라고 설명했다.

한홍구 교수도 "안 원장에게 묘했던 것은 저 사람이 아주 최선을 다해 자기가 가진 모든 것을 동원해 답을 생각하고 있구나, 찾아주려고 하고 있구나 하는 이미지를 주더라"며 "정치인과 이야기할 때 답이 안 나오면 '저렇게 해서 어떻게 정치를 하겠느냐'고 뒷말을 하는데, 안 원장은 답이 오는 시간은 늦어도 굉장히 열심히 생각하고 있구나 하는 그런 느낌을 주더라"고 말했다.

[한겨레 신문] 2011.10.5

안철수를 잘 모르는 혹자들은 안철수가 일방적으로 자기 말만 하는 강연 등을 잘할 뿐, 실제 개인대 개인으로 나누는 대화 등이 부족하다는 식의 섣부른 비판을 하는 경우도 있다. 그러나 안철수연구소 시절 3개월여의 기간 동안 매일 아침 정해진 시간에 전체 사원 한 명 한 명과 가졌던 대화의 시간이나, 대학생 기자들과의 진솔한 대화들, 카이스트 학생들이 직접 찾아와 가졌던 상담과 같은 대화, 그리고 위 기사 속의 두 대담자의 말 등을 보면 안철수의 실제 소통 능력과 그를 통한 개인치유의 능력을 알게 된다.

모두 알다시피 안철수는 박경철과 함께 2009년 10월 이화여대를 시작으로 2년여 동안 전국 대학을 순회하며 '청춘 콘서트'를 진행했다. 이 청춘 콘서트는 결과적으로 일종의 집단 치료적인 측면이 무척 컸다고 해석할 수 있다. 소규모 면담이나 개인 면담에서 드러났던 안철수의 심리 치료사적 측면이 대중(주로 젊은이들이었지만)을 대상으로 한 집단 치료적 과정으로 확장되었던 것이다. 그리고 그 핵심은 역시 공감 능력이었다.

이때 안철수가 했던 가장 상징적이면서도 강력한 일은, 그가 (박경철과 함께) 한국 사회의 어른들을 대신해 젊은이들에게 '사과'를 했다는 것이다. "미안합니다." 이 한마디가 젊은이들에게 어떤 영향을 주었는지 제대로 이해한다면 그를 향한 20·30대들의 열광을 충분히 이해할 수 있다.

우리 사회의 모순을 누구보다도 분명히 알고 그 책임 소재 또한 잘 알고 있지만, 결국 '동시대를 살아가는 사람'으로서 같이 그 책임을 져야 한다는 것 또한 알기에, 안철수는 진심으로 젊은이들에게 미안하다고 한 것이었다. 강연을 위한 혹은 감동을 주기 위한 전략적 사고에서 비롯된 것이 아니라, 마음에서 나온 사과였기에 당시 강연에 참석한 이들에게 깊은 인상을 남기며 전달될 수 있었다.

사람들에게 칭찬과 우려를 동시에 받을 수 있는 안철수의 특징 중 하나는 특유의 '온화함'과 '포용력', '수용력'이다. 치료의 측면에서는 가장 필요한 덕목들이기도 하다. 혹자는 그의 이런 면모가 치료를 위해 썩은 상처 부위 등을 잘라내고 소독해야 할 때 과감히 해내지 못하는 요인이 되지 않을까 염려하기도 한다. 하지만 같은 치료라도 치료자가 누구인가에 따라 완전히 다르게 진행되며, 치료받는 처지에서도 다르게 받아들여질 수 있다는 점을 생각해 보라. 가령, 피치료자를 최대한 배려하면서 진행한다면 그렇지 않은 경우보다 훨씬 더 강력한 치료를 할 수 있을 것이다. 또 치료자에 대해 큰 신뢰와 믿음이 있을 때 일어날 수 있는 여러 긍정적 효과도 강력하다.

여기서 피치료자는 이제 한국 사회 전체, 한국 사회 구성원 전체가 된다. 치료자는 물론 안철수이다.

어쩌면 안철수의 삶에서 치료자의 역할이 최종적으로 정부 요직이라는 '좁은 기능'에만 머물지 않을 수도 있다. 선거와 관계없이 안철수는 이미 그간 한국 사회를 직간접적으로 충분히 치료해 왔다고 할 수 있다. 일례로 그는 안철수연구소(현재 안랩으로 사명 변경)의 자기 지분 절반(시가 1,500억에서 2,000억 원 사이)을 아무 조건 없이 출연하여 사회적 기업을 표방하는 복지재단인 '안철수 재단'을 설립했다. 이와 같이 그가 우리와 함께 한국 사회를 더욱 행복하게 만들어갈 방법으로는 여러 가지가 있을 수 있다.

지금 우리가 새로운 미래를 향한 여정의 어디쯤 서 있는지, 우리 스스로는 잘 모른다. 안철수 본인도 모를 수 있다. 하지만 그와 함께 거대한 가능성을 꿈꿔 볼 수 있지 않을까.

Part 02

안철수의 무엇에
끌리는가

그저 이미지가 아니다

사회적 깨달음에
대한 인식

안철수가 가장 많이 말한 것 중 하나는, 지금 우리 사회는 극심한 양극화에 따른 위기 상황에 처해 있으며 이 상황이 그대로 이어진 다면 혁명에 가까운 집단적 반발이 일어날 수 있다는 것이다. 그는 상황이 이러함에도 기득권층이 그것을 깨닫지 못한 나머지 변화하지 않는 데 대한 안타까움을 드러내 왔다.

이러한 사회적 변화는 인위적인 설득이나 강요에 의해 일어날 수 있는 것이 아니다. 인식 변화에 해당하는 의식의 임계치를 필요로 하는데, 그것이 바로 안철수가 꾸준히 강조해온 '깨달음'의 의미이다. 실상 안철수는 이십 년이 넘는 세월 동안 꾸준히 이러한 '사회적 깨달음을 위한 몸부림'을 실천하고 또 말해왔다.

백지연: 보통은 따님한테 어떤 걸 가장 우선순위로 하라고 가르치세요?

안철수: 자기가 하고 싶은 걸 하라고 그래요. (중략) 제가 학생들을 가르치는데요. 제가 가르치는 방식이 지

식을 전달하는 것보다, 지식 전달은 독학해도 되거든요. 깨달을 기회를 많이 주는 게 제 목표에요. 그래서 사실은 깨달아야 생각이 달라지고요, 생각이 달라져야 행동으로 옮길 수 있는 법이고요, 행동으로 옮겨야 운명이 바뀌거든요. 그러니까 제가 교수로서 할 수 있는 유일한 역할이 깨달음을 얻을 기회를 많이 주는 거죠. 그런데 깨달음은 학생의 몫이에요. 저는 그 기회를 줄 뿐이고요.

[백지연의 피플인사이드] tvN, 2010. 6. 14.

사실 '깨달음'이란 단어는 우리에게 낯설다. 명상이나 종교 등 특정 분야에서는 곧잘 사용되지만, 일반적으로는 자주 쓰지 않는 말이다. 어려워서 그렇다기보다는, 관점과 용도에 따라 폭넓게 해석될 수 있는 점이 오히려 모호하게 느껴지기 때문일 것이다. 일상에 대해 초월적인 낯선 느낌 때문에 거부감이 들기도 한다. 대개 사람들은 익숙한 것을 좋아하지만 그렇지 않은 것은 본능적으로 경계하는 경향이 있는데, 이와 무관하지 않을 것이다.

흥미로운 점은, 안철수가 이처럼 애매할 수 있는 '깨달음'이란 개념을 무척 의미 있게 사용한다는 점이다. 게다가 그간의 발언으로 볼 때 깨달음을 매우 중요하게 여긴다는 것을 알 수 있다. 일례로, 그는 학생들에게 강의할 때 자신은 지식·정보가 아니라 깨달음을 주는 것이 목표라고 분명하게 말한다. 일반인이 보기엔 참 특이한 일일 수 있다. 특히 대학생과 대학원생들을 가르치는 교수이니 더욱 그럴 것이다.

오늘날은 깨달음보다는 정보와 지식의 전달을 더 선호하는 시대이다. 어딘지 추상적인 데다 선명한 결과물이 없을 것 같은 깨달음이란 개념을 세상과 사람들은 별로 달가워하지 않는다. 사람들이 선호하는 것은 구체적이고 실제 도움이 될 것 같은 '내용'을 가진 정보와 지식이다.

게다가 그가 평소 구사하는 언어를 보면 이것 외에는 명상이나 종교와 관련된 단어나 개념을 거의 사용하지 않는다. 그런 그가 굳이 깨달음이란 단어를 즐겨 사용하는 이유는 무엇일까?

안철수가 말하는 깨달음은 '어떤 인식에서의 근본적인 변화'라고 할 수 있다. 바로 "아하!"하는 그 순간이다. 이것은 지식과 정보의 암기가 아니다. 이성적으로 하는 이해도 아니다. 언어적인 제한이나 한정을 넘어서는 것이다. 머리만의 지식이나 이론이 아닌 어떤 경험적인 앎이다. 온몸으로 알게 되는 그 무엇이라고나 할까. 만약 깨닫지 못했다면 아무리 지식이 많다 해도 사실상 '모른다'고 할 수 있다. 어느 순간 '아!' 하는 탄성과 함께 말로 표현할 수 없는 인지의 변화가 일어날

때, 비로소 우리는 깨달았다고, 진실로 알고 있다고 이야기할
수 있다.

예를 들어, 아무리 좋아하거나 남들에게 강하게 주장하고
싶은 이론이 있다 해도, 자신만의 고유한 느낌과 언어로 그것
을 느끼고 표현하지 못한다면 진실로 안다고 할 수 없다. 참
된 깨달음은 경험으로 올 수도 있지만 순수한 인지적 변화로
올 수도 있다. '인지적 점프'라고 하는 것도 좋은 표현이 될
수 있겠다.

양극화에 따른 사회적 위기에 대한 인식 문제는 안철수가
한국 사회의 제문제에 관해 이야기할 때 가장 많이 등장하는
주제 중 하나이다. 지금 우리 사회는 심각한 양극화로 인한
위기 상황에 처해있으며, 그대로 간다면 혁명에 가까운 집단
적 반발이 일어날 수 있는데도 기득권층이 그것을 알아차리
지 못해서, 즉 '깨닫지 못한' 나머지 변화하지 못하는 데 대한
안타까움을 그는 계속해서 드러내 왔다.

이러한 변화는 인위적인 설득이나 강요에 의해 일어날 수
있는 것이 아니다. 이것은 인식 변화에 해당하는 의식의 임
계치를 필요로 하는데, 그것이 안철수가 말하고자 하는 '깨달
음'이다. 그 임계치가 올 때까지는 노력하는 수밖에 없다. 경
험을 쌓는 것이든 인식적 변화를 위한 노력이든, 껍질을 깰
수 있는 정도의 몸부림이 있어야만 한다. 실상 안철수는 이십

년이 넘는 세월 동안 꾸준히 '깨달음을 위한 몸부림'을 실천하고 또 말해왔다. 그리고 이제 사람들은 그것에 반응하기 시작했다. 그의 문제의식에 공감하기 시작한 것이다.

여러 여론조사 기관에 의해 집계된 대통령 출마 시 안철수에 대한 지지율은, 거칠게 말하면 50%라 할 수 있다. (일반적으로 1대1 구도에선 항상 상대방과 비슷한 40%대 중후반으로 나오지만, 거의 절반의 지지라 할 수 있다.) 다시 말해 이제 국민의 반 정도 되는 이들이 그의 주장과 통찰에 대해, 공감과 공유를 하기 시작한 것이다. 가능성이 열린 것이라 하겠다.

이와 더불어 '작은 나(ego)'를 뛰어넘어 전체에 이바지하는 것을 곧 삶의 흔적으로 삼는 그의 철학까지 공유할 수 있게 되면, 그 깨달음이 우리의 생각을 바꾸고, 생각이 우리의 행동을 바꾸고, 바뀐 행동이 우리 사회에 진정한 변화를 만들어 낼 것이다. 안철수가 말해온 사회적 깨달음의 결과, 그야말로 한 공동체의 운명이 바뀌는 것이다.

이름이 아니라
흔적을 남기고 싶다

안철수가 자주 언급하는 삶의 목표 중 하나는 바로 '흔적을 남기는 것'이다. 안철수가 말하는 "삶에 흔적을 남긴다"는 것의 진정한 의미는 무엇일까? 그의 심리성향, 즉 성숙한 평화주의자로서의 성향을 이해한다면 그 흔적이란 말 속에 '나' 혹은 '개인 안철수'만을 위하는 이기적인 측면은 거의 존재하지 않음을 알 수 있다. 그는 공익에의 기여와 사회에 미치는 좋은 영향, 동시대의 사람이 모두 함께 누릴 수 있는 행복한 변화를 '흔적'이라 표현한다. 안철수를 지지하거나 그에게서 매력을 느낀다는 사람 중에는 그의 이런 삶의 철학에 깊은 인상을 받았다는 사람이 적지 않다.

정관용 : 왜 그렇게 열심히 사세요?

안철수 : 제 신조가 흔적을 남기는 삶을 살자, 또는 차이를 만드는 삶을 살자, 그런 게 제 신조인데요.

정관용 : 욕심이 크시군요?

안철수 : 욕심이라기보다…….

정관용 : 제일 큰 욕심입니다, 그게.

안철수 : 아, 그렇습니까? (웃음) 제가 이렇게, 책을 많이 보는 편인데요, 그러다 보니 든 생각이 제가 기왕에 어떤 생명을 가지고 이 세상에 태어났는데, 제가 죽고 나서 제가 존재했을 때와 없을 때 차이가 없다면 그것 참 서글픈 일이 아닌가, 그런 생각을 하게 됐거든요. (중략) 저도 이제 제가 기왕에 제가 이렇게 살고 있는데, 죽고 나서, 없어지더라도, 제가 했던 말 때문에 사람들의 생각이 조금 더 좋은 쪽으로 바뀐다든지, 또는 제가 쓴 책이 그때도 남아서 사람들에게 생각에 영향을 준다든지, 제가 만든 이 안 연구소라는 조직이 이후로도 영속해서 함께 살아가는 사회에 기여를 한다든지, 제가 제안했던 것들 때문에 국가제도가 조금이라도 영향을 받고 바뀌어서 그게 사람들에게 좋은 영향을 미친다든지…….
그런 게 흔적인 것 같더라고요. 그래서 매 순간 최선을 다해서 열심히 살면서 조금이라도 흔적을 더 많이 남길 수 있는 그런 삶을 살고 싶습니다.

[시사자키 정관용입니다] CBS라디오, 2011. 5.11

'흔적을 남긴다'고 하면 오해를 불러일으키기 쉽다. 가장 흔한 오해는 뭔가 의미 있는 것을 남겨서 개인적인 심리 만족을 얻는 것으로 생각하는 것이다. 또한 '이름'을 남기는 것과 혼동하기도 하는데, 다행히 위의 인터뷰를 잘 읽는다면 그것을 혼동하는 사람은 많지 않을 것이다.

삶의 흔적과 관련된 또 다른 오해는 '어떤 행위를 한 것 자체'에 의미를 둔다는 것이다. 그래서 안철수에 대해 어떤 이들은 그가 명예욕이 있으며 권력욕은 상대적으로 약하기 때문에, 지금까지 축적한 명예를 본인의 삶에서 가장 중요하게 여길 것으로 잘못 이해하기도 한다.

그렇다면 안철수가 말하는 "삶에 흔적을 남긴다"는 것의 진정한 의미는 무엇일까? 안철수의 심리성향, 즉 성숙한 평화주의자로서의 성향을 이해한다면 그 흔적이란 말 속에 '나(ego)' 혹은 '개인 안철수'라는 좁은 개념은 거의 존재하지 않음을 이해할 수 있다. 만약 그러한 개체성을 전제로 한 흔적 남기기라면 기존의 명예욕이나 영웅심리와 하등 다를 바가 없다. 비록 안철수가 직접적으로 강조하지는 않았지만, 개체로서의 나, '작은 나'가 이미 사라진 상태에서의 흔적 남기기는 의미 자체가 완전히 다른 것이다. 그것은 '개체성과 전체성의 통합 또는 동시 진행'의 관점이기도 하고, '개체성을 넘은 전체성의 관점'이 우선이라고 볼 수 있다. 개체성을 유지하면서 전체성을 잃지 않는 것, 둘을 통합하며 동시에 가능하게 되는 것. 이것이 그가 말한 흔적 남기기의 전제 조건이다.

한편, 여러 인터뷰나 저서를 보면 안철수가 가진 성공의 기준이 매우 독특함을 알 수 있다. 그에게 있어 성공의 기준은 바로 흔적 남기기인 것이다. 흔적을 남기기 위한 구체적 행위로는 세상과 사람들에게 도움이 되고 의미가 있는 일을 하는 것을 꼽는다. 저서 ≪안철수, 경영의 원칙≫에서 그는 살아가며 '이것을 이루면 정말 여한 없이 눈을 감을 수 있는 그런 것이 무엇이냐'가 중요하다며, 자신에게는 그것이 바로 '삶의 흔적을 남기는 것'이라고 말한다.

저는 이름을 남기는 환상은 없어요. 이름은 남지 않지만 사람들의 생각이 바뀐다든지 뭔가 바람직한 제도가 생긴다든지 일이 남는다든지 하면 그럼 제가 살았다는 흔적이 남는 거잖아요. 그게 저한테는 가장 중요해요. 지금까지의 길지 않은 인생도 매 순간마다 제가 살았다는 흔적을 가능한 많이 남길 수 있는 일을 하기 위해서 최선을 다해왔던 선택의 과정이었던 것 같아요.

그래서 전 당장 내일 죽는다고 하더라도 후회가 없다고 자신 있게 말할 수 있어요. 왜냐하면 지금까지 저 나름대로 최선을 다해서, 이름을 남기기 위해서가 아니라 흔적을 남기기 위해서 살아왔으니까요.

[안철수, 경영의 원칙] 안철수 지음, 서울대학교출판문화원

이와 비슷한 언급들은 그의 초기 저서나 인터뷰 전체를 관통하는 내용 중 하나이다. 안철수는 다음의 인터뷰에서 '삶의 흔적'에 대해 말하며, 더 나아가 다소 추상적으로 들리기까지 하는 '의식'에 대해 말한다. 자신의 삶을 개별적 인생이 아니라 인류, 심지어는 우주의 거시적 관점에서 파악하는 깊은 정서가 느껴진다.

> 백지연 : 아주 중요한 얘기 해주셨는데요. 아까 저희 프로그램이 '안철수, 성공을 말하다' 이렇게 했더니 성공에 대한 것을 굉장히 경계하셨기 때문에 '안철수 교수를 말하다' 이런다면 나 스스로 '나는 누구다'라고 간단히 한마디로 정의하라면 어떻게 말씀하시겠어요?
>
> 안철수 : 글쎄요, 그게 지금 받은 질문 중에 가장 어려운 질문인 것 같은데요. 제가 누구라고 정의될 수 있을까라는 생각도 들고요. 글쎄요, 저는 어쨌든 기회를 얻고 지금 현재 한국 땅에서 살고 있는 한 사람인 거고요. 그리고 기왕에 이렇게 제 의식이 어디

서 왔는지는 모르겠지만 이런 의식을 가지고 살고 있는 마당에서는 조금이라도 죽기 전에 제가 살았던 흔적을 남겨서 그냥 있었다가 사라지고 있으나 없으나 마나 한 존재가 되고 싶지는 않다는 마음가짐으로 살고 있는 거죠.

백지연 : 그 '흔적'이야기를 많이 하셨거든요. 나중에 훗날 누군가가 안철수 교수님 책을 찾을 때 그 흔적의 검색어를 뭐로 찾으면 좋을까요?

안철수 : 글쎄요, '흔적'이라는 단어도 좋겠고요. '별 먼지'라는 단어도 좋겠고요 또는 '영혼'이라는 단어. 지금 우리에게 필요한 것 같은 단어들.

[백지연의 피플인사이드] tvN, 2010. 6.14

한마디로 그가 말하는 '삶의 흔적'이란, 모든 것을 다 버린 가장 실존적 존재로서, 현실에서 자신이 할 수 있는 것을 가장 솔직하게, 최선을 다해 행하는 것이라 할 수 있다. 이왕 동시대에 태어났다면 어떠한 가치관이나 종교, 이념에 상관없이 주위 사람들과 사회에 뭔가 도움을 주고 자취를 남기고 싶다는 것이다. 그러나 흔적을 남기지 못한다고 해서 자책할 것도 아니고 남긴다고 해서 그것이 삶의 가치를 좌우할 만한 무엇도 아니다. 존재는 여러 흔적을 남길 수 있다. 부정적인 흔적도, 긍정적이나 중립적인 흔적도 가능하다. 각 존재의 자기 선택일 뿐이다. 청소년들에게 전한 메시지를 통해 안철수는 어떤 가치관이든 모두 고유하며, 절대적으로 우위에 있을 수 있는 것은 없다고 말한 바 있다.

대중의 마음을 울린
삶의 철학

안철수를 지지하거나 적어도 그에게서 매력을 느낀다는 사람들을 보면, 이 '흔적 남기기'에 감동을 받았다는 경우가 많다. 사람의 마음을 울린다는 것이다. 왜 그럴까? 그것은 그의 말 속에 언어적 표현과는 상관없는 어떤 '근본적 본질'이 담겨 있기 때문이다. 안철수가 느끼고 있을 그 근원적 본질은 무엇일까? 그것은 어쩌면 우리가 나누어진 별개의 존재가 아닌 뭔가로 연결된 존재들이라는 것 아닐까?

안철수의 삶에서 사람들의 가슴을 가장 울리는 것은 확장된 자아(ego)의 개념이며, 거기에서 자연스럽게 비롯되는 이타성이다. 여기서 우리는 핵심을 알아차려야 한다. '나'의 범위를 어디까지로 생각하느냐의 차이일 뿐, 사실 이기성과 이타성은 동일한 것이다.

안철수가 살아온 삶을 보면 그는 거의 본능적으로 자기 혼자만이 아닌 '우리 모두'를 '나'로 여기는 듯 보인다. 그래서 자신은 괜찮아도 남들이, 그리고 우리가 고통스러우면 편치 않은 것이다. 이처럼 뛰어난 이타성을 보이는 사람들은 공동체의 고통을 없애길 원하며 항상 모두가 더 행복해지는 방향, 모두에게 도움이 되는 일이 무엇인지 끊임없이 모색하는 경향이 있다. 안철수 또한 그러했다.

'흔적'의 진정한 의미는 무엇인가

의도치 않게 대중에게서 큰 지지를 이끌어낸 안철수의 모습들을 살펴보자. 무료 7년간 혼자서 매일 새벽마다 컴퓨터 바이러스 백신 프로그램을 개발하고, 또 필요한 이들에게 무료로 나누어 준다. 자신의 기업체를 동종업계에서 가장 성공적으로 운영하면서도 전체 대한민국의 기업환경을 걱정한다. 유학을 다녀온 후 학생들을 중심으로 기업체를 운영해 갈 청년들을 위해 강의를 펼치고, 전국을 돌아다니며 무료로 '청춘 콘서트'를 연다. 또 시대정신을 거스르는 정치세력들로 망쳐지는 대한민국의 정치와 사회, 그리고 그에 고통받는 구성원들에 대한 안타까운 마음을 가진다. 모두 안철수가 일찍부터 말해 왔던 '공익 개념' 그리고 자신이 사회로부터 받은 것

133

을 다시 사회로 환원하는 행위에 대한 철학을 삶으로 실천하고 있다는 증거이다. 혹여 안철수가 대기업이나 기득권층에 대한 날카로운 비판을 한다고 해서 그들을 '확장된 나'에서 떼어놓았다고 생각할 수도 있지만 그것은 오해이다. 우리 몸에 비유해 보자. 만약 탈이 나서 몸 전체 중 팔로만 모든 영양분이 간다고 생각해 보자. 그러면 이제 머리는 어떻게 하고자 할까. 팔뿐만 아니라 나머지 몸 전체, 다시 말해 '나'를 살리기 위해 혼신의 힘을 다 할 것이다.

짧은 기간에는 팔이, 자기가 받던 영양소를 줄이는 데 서운해하거나 반감을 가질 수 있지만 결과적으로는 몸 전체를 살려서 팔까지도 살게 하려는 것이 머리의 자연스런 선택이다. 이러한 머리와 같이, '전체'를 '나'로 보는 그 시각이 안철수가 가지고 있는 공동체에 관한 시선이다.

사회라는 몸통 속의 한 기관인 '나'는 다른 기관(구성원)들에 해가 되는 행동도 취할 수도 있고 이익이 되는 행동도 취할 수 있으며 아무것도 하지 않을 수도 있다. 모두 개인의 고유한 선택일 뿐이다. 여기서 무엇을 선택할 것이냐는 우리 각자의 몫이다. 하지만 앞서 말한 '팔'의 비유로 보건대, 전체 몸통을 살리기 위해 어떤 행위를 선택해야 하는가는 분명하다.

이처럼 전체를 살리는 일, 공익을 위한 일을 자기 존재의 흔적으로 삼는 것이 안철수가 가진 삶의 철학이다.

에고를
넘어서다

'나를 위해 살아야만 생존할 수 있어!'라는 왜곡된 가치관이 명제가 된 사회. 안철수는 '우리 모두를 위해 살면 더 잘 살 수 있다'는 사실을 삶으로 보여줬다. 경쟁에 내몰려 일견 외면하고 있지만, 우리 모두의 내면에는 이기심만큼이나 본능적인 이타성이 존재한다. 내면의 의식 깊은 곳에서는 우리 모두 순수한 이타성이 결국 '나에게 가장 이로운 선택'이란 것을 알고 있기 때문이다. 안철수에 대한 폭발적 관심과 지지는 우리 마음속 깊은 곳에서 깨어나는 이타적 사회에 대한 열망의 표현으로 볼 수 있다.

안철수가 초등학생 시절, 학교 도서관의 책을 모두 읽었다는 일화는 유명하다. 일종의 활자중독증이었달까. 특히 소설과 과학 관련 책을 좋아했다고 한다. 훗날 안철수연구소의 CEO가 되었을 때, 회사에서 주관한 간담회에서 "낭만이 무엇"이냐고 묻는 대학생 기자의 질문에 그는 어릴 때부터 소설 읽는 것을 무척 좋아했다고 답한다. 흥미로운 것은 그가 한 인터뷰에서 밝힌 '소설 읽는 방법'이었다. 줄거리에는 관심이 없었고 주인공의 심리상태가 주된 관심사였다는 것이다.

예를 들어, 어떤 불행한 주인공을 보면, '저 상황에서 왜 저런 바보 같은 선택을 할까?' 안타까워하며 나름대로 그 사람의 입장에서 심리상태를 이해하려 노력했다고 한다. 대부분 사람들이 본능적으로 이야기(줄거리)에 주목한다는 점을 고려했을 때, 줄거리가 아닌 등장인물의 입장과 사고를 고민하는 독서법이란 특이하다. 게다가 그것이 노력에 의한 것이 아니라 어린 시절부터 행한 타고난 소설 읽기 방식이라면, 안철수에게는 타인에 대한 '타고난 공감 능력'이 있다고 봐야 할 것이다. 안철수의 이러한 공감 능력은 또한 항상 남들에 대한 배려를 강조하고 가르쳤던 어머니의 영향도 크게 작용했으리라 짐작된다.

대학생이 된 이후 안철수는 자신이 성취한 것들이 개인적 노력의 산물일 뿐 아니라, 사회가 도움을 준 부분이 있다고 생각해서 그것을 되돌려 주는 데 항상 관심을 가졌다고 말한다. 학생 시절에는 의료봉사 활동 등을 하며 어느 정도 실행으로 연결하기도 했다.

안철수는 개인의 성공에 대해 다음과 같이 말했다.

성공이라는 게 사실은 내가 차지하는 몫은, 사람마다 비중은 다르겠습니다만, 아마 3분의 2 정도이고 나머지 3분의 1은 다른 사람이 나를 도와줘서, 사회가 여건을 허락해서, 운이 좋아서 성공하는 거더라고요. 그러니까 하면 할수록 절감하는 게 내가 차지하는 몫은 3분의 2 정도인데, 이 100% 중에서요, 이게 전부 다 100% 내 거라고 주장할 수 없겠다는 생각이 많이 들었습니다. 그러다 보니까 사실 성공을 100%, 개인화하는 것은 문제가 있을 수 있다, 그런 생각들을 가지게 됐는데, 한 걸음 더 나아가면 그렇게 사회가 여건을 허락해준 성공에 대해서 마지막 그 결과물을 성공한 사람이 독식하게 되면, 그게 천민자본주의의 시작이 아닐까 싶은 생각이 들고요. 그래서 그런 생각을 가진다면 아마도 이런 너무 성공신화에 매몰되기보다 사회 전체의 행복도 생각하게 되는, 좀 더 시야 넓은, 그게 또 장기적인 성공이 아닐까 싶거든요.

[시사자키 정관용입니다] CBS라디오, 2011. 5.11

이미 알려진 안철수의 행보만 살펴보아도 사회와 타인에 대한 배려, 그리고 성공에 관한 생각이 단순한 말에 그치지 않음을 확인할 수 있다. 무수한 컴퓨터 사용자들을 위한 백신의 무료 개발과 배포, 공익적 바이러스 백신의 개발 및 배포를 위해 당시엔 혁신적이라 할 수 있는 '사회적 기업'의 개념으로 안철수연구소를 설립하고 운영해 온 점, 2005년 당시 자신의 회사는 성공했음에도 불구하고(1999년 연 매출 100억 원을 돌파했는데 소프트웨어 업체로는 한글과컴퓨터에 이어 두 번째였다. 또한 세후 순익 100억 원 돌파는 업계 최초로 달성한 성과였다.) 10년간 맡아오던 회사의 CEO 자리를 내어 놓고 중소기업 전반에 도움이 되고자 어려운 MBA 유학을 떠난 점, 돌아와서는 다시 젊은 학생들에게 제대로 된 기업가 정신과 융합학문을 가르치기 위해 교수로 일하는 점 등 모두가 나 자신보다는 좀 더 넓은 전체를 위한 선택이고 결정들이었다.

즉, 그가 가진 '나'라는 개념은 에고(ego, 작은 나)의 개념을 넘어서 있다고 해석할 수 있다. 물론 이러한 관점은 안철수 본인도 말한 적이 없고, 그에 대한 어떤 관련 기사 등에서도 하지 않았던 필자의 고유한 해석이다. 하지만 안철수에 대해 조그만 관심이라도 가지고 있다면 충분히 공감할 것이다.

그가 진정 자기 개인이 아닌 우리 모두(전체)를 생각하는 모습은 가장 최근의 일들에서 발견할 수 있다. 2011년 여름 이전까지의 모든 인터뷰에서 안철수는 정치 참여에 대한 질문을 받을 때면 자신에게 맞지 않다고 하면서, 자신은 정치에 직접적으로 참여하진 않을 것이라 답한다. 그것은 회피가 아니었다. 사람마다 자신이 잘하는 분야가 있듯이, 안철수는 자신이 가장 잘하고 의미를 찾으며 또 꾸준히 할 수 있는 분야에서 꾸준히 스스로를 변화(진화)시켜 왔다. 아마도 당시로써는 본인이 항상 말하는 선택의 3가지 원칙(의미를 느끼고, 열정을 느끼고, 잘해서 남들에게 도움이 될 수 있어야 한다는)에 정치 영역이 충족되지 않았기에 솔직하게 답했으리라 생각된다. 하지만 그의 내부에서는 긴 세월 동안 계속 변화의 요인이 축적되고 있었을 것이다. 그것은 불합리와 비상식에 대한 분노였을 것이고, 비겁함에 대한 분노였을 것이며, 할 수 있다면 되도록 많은 이들에게 도움을 주고 싶어 하는 책임감이기도 했을 것이다.

그러다 2011년 서울시장 보궐 선거를 맞아 내부에 쌓일 대로 쌓인 그 요인들이 터닝 포인트를 만들었고, 마침내 9월 초 〈오마이뉴스〉와의 인터뷰를 통해 '정치 참여(서울시장 선거 출마)'에 대한 표현을 적극적으로 하게 된다. 이 부분 또한 역시 안철수가 자기 개인의 편안함이나 안위보다는 자신이 '도구'로 쓰일 수 있음을 받아들이고 타인과 사회에 뭔가 도움이 될 수 있다고 판단했기에 그러한 선택을 한 것으로 보인다.

그 이후부터 지금까지 계속 이야기되고 있는 대통령 선거 후보로서의 이야기 또한 마찬가지이다. 만약 그가 정말 자기 개인만의 삶을 위한다면, 아무런 조직도 세력도 없는 그로서는 일단 출마에 대해 '부정'의사를 표현하는 것이 정상이다. 한 나라의 대통령직에 대한 한 개인의 심리적 부담감이란 얼마나 어마어마할까? 하지만 지금 그는 그것을 거부하지 않고 있다. 필자는 그가 준비 과정에 있다고 본다. 일부는 이를 이해하지 못하거나 기다려 주지 못하고 자꾸 재촉하지만, 그는 그런 외적 재촉에 흔들릴 사람이 아니다. 내적으로 자신의 준비가 일정 수준에 이르면 세상 모두가 하지 말라고 해도 시작할 것이며 또한 끝까지 나아갈 것이다.

'프로페셔널 정치인(직업 정치인)'인들 중에는 애초부터 권력 그 자체를 목적으로 하는 이들이 많다. 그들은 누가 뭐라 하기도 전에 스스로 국회의원이든 시장이든 대통령이든 되겠다고 마음먹고 선거에 참가한다. 물론 그들 또한 순전히 자기 개인의 사적인 욕망만을 위해서 그렇게 하는 것은 아닐 것이다. 하지만 시장이 되고 싶다거나 대통령이 되고 싶다고 하는 이들 중에는 그 기반에 여전히 작은 나(에고)가 강하게 자리 잡고 있는 경우가 종종 있다. 만약 이런 이들이 그 자리를 얻으면, 그래서 바랐던 권력과 힘을 얻으면, 사람들과 사회를 위해 일하기보다는 자신과 주위 세력을 위한 일들을 많이 하게 된다. 이것은 어찌 보면 자연스러운 결과이다. 하지만 우리에겐 더 이상 그런 정치인들은 필요 없다.

안철수는 이제까지 실질적으로 부여받은 공적 권력이나 힘이 없는 상태였음에도, 더군다나 사적 기업을 운영하면서도 이미 공적으로 헌신적인 모습을 보여줬으며 공익에 이바지하는 일관성 있는 행보를 이어왔다. 이러한 그가 사람들과 세상에 의해 자신의 본래 뜻을 더 강하게 펼칠 수 있는 '공적인 위치'에 서게 된다면 어떻게 될까?

단언하건대, 전체가 잘될 수 있다면 나는 개인적인 이해타산과 상관없이 어떠한 선택도 할 수 있는 마음의 자세를 가지고 있다. 그리고 지금까지 말로만 이야기하기보다는 실제로 행동으로 보여주고자 노력해 왔다. 그러한 행동들 중에는 외부에서 보기에 놀라울 만큼 무모한 선택도 있었다. 그러나 그 모든 선택들은 나 나름대로의 기준에서 우리 모두가 잘될 수 있기 위해 필요한 것이었다. 그런 마음은 앞으로도 변하지 않을 것이다.

[CEO 안철수, 지금 우리에게 필요한 것은] 안철수 지음, 김영사

별 너머의
먼지로 돌아가기 전에

안철수의 말 중 필자의 가슴을 울린 부분이 있었다. 앞서 백지연과의 인터뷰에서도 잠깐 언급됐던 '별 너머의 먼지'에 대한 글이다.

하지만, 회사 일에 대한 걱정 말고 개인적으로는 무덤덤했다. (질병의) 상태가 심각했을 때에도 죽음에 대해서는 별로 생각하지 않았다.

나는 우주에 절대적인 존재가 있든 없든, 사람으로서 당연히 지켜나가야 할 중요한 가치가 있다면 아무런 보상이 없더라도 그것을 따라야 한다고 생각한다. 내세에 대한 믿음만으로 현실과 치열하게 만나지 않는 것은 나에게 맞지 않는다. 또 영원이 없다는 이유만으로 살아있는 동안에 쾌락에 탐닉하는 것도 너무나 허무한 노릇이다. 다만 언젠가는 같이 없어질 동시대의 사람들과 좀 더 의미 있고 건강한 가치를 지켜가면서 살아가다가 '별 너머의 먼지'로 돌아가는 것이 인간의 삶이라 생각한다.

[CEO 안철수, 영혼이 있는 승부] 안철수 지음, 김영사

위의 글은 안철수가 2년 동안의 미국 유학을 마치고 돌아온 1998년 새해에 있었던 일과 관계있다. 너무나 고되었던 유학생활을 마감한 그는, 귀국 이틀 후 급성간염으로 쓰러졌다. 복수가 차오르는 증세가 있을 정도로 위급한 상황이었다. 2개월간 치료를 받은 후에야 겨우 퇴원했고 그 후에도 상당기간 완전히 회복되지 못했다고 한다. 실제 죽을 수도 있을 정도로 심각한 상황이었음에도, 그는 자신의 안위에 대해선 무덤덤

했다고 밝히고 있다. 그의 머릿속을 채운 것은 자신이 아닌, 회사(즉, 타인과 세상)에 대한 걱정이었다.

과연 안철수가 단지 일 중독자이거나 회사에 대한 집착이 강해서 그랬던 걸까? 이제까지 함께 살펴본바, 그것은 상당한 정도로 깊고 굳건한 '내적 통찰과 철학'의 결과라는 것을 알 수 있다. 특히 마지막에 쓴 '별 너머의 먼지'로 돌아간다는 표현은, 그 누구보다도 적극적으로 열심히, 그리고 최선을 다해 살아왔지만 그 치열함의 이유가 어떤 집착이나 욕망 때문이 아니었음을 보여준다. 죽은 후 '별 너머의 먼지'로 돌아간다는 말은, 사실 죽음과 그 이후의 과정에 대한 어떠한 두려움도 환상도 욕망도 없다는 것이다. 그리고 이것은 죽음 이전의 '지금 살고 있는 삶'에 대해서도 역시 그러하다는 것이다. "의미 있고 건강한 가치를 지키며" 삶을 살아가되, 동시에 삶 그 자체에는 집착하지 않는 자세. 정말 건강한 의식이다.

작은 나에 대한 집착을 넘어서

아래의 인터뷰 또한 무척 흥미롭다.

시민질문 : 사업이면 사업, 연구면 연구, 뭐하나 실수 하나

없는 완벽한 분이신 것 같아요. 교수님께서는 콤
플렉스 같은 건 없으신지 궁금합니다.

안 철 수 : 사람들과의 비교가 아니고 '어제의 나'와 '오늘
의 나'와의 비교거든요. 그러다 보니 남 탓을 잘
못해요. 어떤 일이 잘못됐을 때는 결국은 저 자
신부터 돌아보고 내 안의 어떤 것들에 거기서 고
칠 부분이 있는지 그런 것들을 찾다 보니 기본적
으로 사는 게 좀 고달프죠.

[백지연의 피플인사이드] tvN, 2010. 6.10

아마도 현재 한국 사회의 '공인'들 중에서 안철수만큼 자신
의 약점과 단점을 있는 그대로 밝혀온 이는 없을 것이다. 만
약 안철수가 자신의 약점과 단점을 '나의 것'으로 여기고 또
그래서 타인들에게 들키거나 보이는 것을 걱정하거나 두려워
했다면 이렇듯 쉽게 공개하지는 못했을 것이다. 그것이 약점
인 줄 알고 단점인 줄 알지만 그것이 존재하는 것은 현실이므
로, 그것들 때문에 쓸데없는 걱정이나 불안을 느끼지 않고 오
히려 어떻게 하면 극복할 수 있는지에 집중한다. 이 역시 '작
은 나'의 개념을 거의 가지지 않기 때문에 보일 수 있는 태도
이다.

사람은 '작은 나'에 대한 집착이 강력하면 강력할수록 그것

의 자존심과 이익을 지키려 한다. 이기적으로 바뀌는 것이다. 반대로 그 '작은 나'에 대한 집착이 약할수록 이타성이 증폭된다. '나'라는 개념이나 느낌이 없어야 한다는 말은 결코 아니다. 그것은 불가능하다. 우리는 모두 잠들거나 기절하거나 죽기 전까지 항상 '나'라고 여겨지는 이 어떤 주체감이나 존재감을 느끼게 되어 있다. 핵심은, 이것이 '나의 전부'가 아님을 알고, 자신이 그렇게 작은 존재에 불과하지 않음을 느끼는 것이다. 하나의 육체적 개체로서만이 아니라, 내가 속한 사회 그리고 관계를 맺고 있는 사람들이 모두 넓게는 '나'의 범위에 들어올 수 있음을 아는 것이다. (안철수의 표현을 빌리자면 '깨닫는' 것이다).

그래서 결국 남들과 사회를 위하는 것이 자연스럽게 나를 위하는 것이 되는 것. 안철수는 이것을 삶 전체로 보여줘 왔다. 말이나 개념으로서가 아니라 실제 삶을 통해 '작은 나(에고)'의 틀을 일찍이 넘어섰다고 볼 수 있다. 혹은 그의 '나' 개념은, 그 범위가 굉장히 확장된 상태라고도 볼 수 있다. (이 두 해석은 결국 같은 말이다.)

이것은 안철수와 같은 평화주의자만이 아닌, 실상 모든 성격유형에게 적용될 수 있다. 어떤 유형이든 개체성, 즉 '작은 나'에 대한 한정된 생각에서 벗어나지 않고서는 완전히 자유로울 수 없다. 자신의 '성격'을 '자기(나)'와 동일시하기 때문이다.

그의 저작과 수많은 인터뷰 그리고 실제 삶으로 미뤄보건대, 안철수는 항상 '나'보다는 타인과 사회를 생각하는 경향을 가지고 있었다. 자기 혼자 잘 되고, 자기 혼자 뭔가를 성취하고 명예를 얻고자 하는 것은 그의 관심 밖의 일이었다. 그는 항상 자기가 속해 있는 사회, 그리고 관계를 맺는 사람들을 위해서 좋은 것이 무엇인가를 고민하고 그것을 실제로 이루기 위해 살아온 사람이다.

안철수의 이런 이타적인 사상과 행동을 단순히 타고난 성격상의 당연한 기질로 해석할 수도 있다. 하지만 그렇게만 접근하면 안철수에 대한 이해의 깊이가 극히 제한된다. 그런 접근도 아주 틀린 것은 아니지만, 보다 본질적인 해석과 접근이 필요하다.

여기서 우리가 핵심적으로 파악해야 할 부분은 '나의 개념과 범위'는 사실 정해진 것이 없다는 데 있다. 이것은 현대의 뇌과학 분야의 여러 연구에서도 이미 어느 정도 시사되고 있는 부분이다. ≪나, 마이크로코스모스≫라는 책을 소개한 다음의 기사를 보자.

전과자에 마약 중독자였던 51세의 건축노동자 토미 맥휴는 뇌출혈로 수술을 받은 뒤 완전히 다른 사람이 됐다. 공격적인 성격이 사라지고, 시를 쓰고 그림을 그리는 예술가로 변신한 것이다. 토미에게 어떤 게 진짜 '나'일까?

32세의 우도 데더링은 교통사고를 당해 머리를 심하게 다쳤다. 사고 전 다발성 경화증으로 휠체어 신세를 졌던 그는 6주 뒤 혼수상태에서 깨어난 뒤 멀쩡하게 걸어 다니게 됐다. 대신 그는 모든 기억을 상실했다. 우도에게 '나'는 완전히 사라진 것일까? (중략) 독일 마인츠 대학의 의식전문가인 토마스 메칭어는 '나'라는 것이 선천적으로 존재하는 것이 아니며, 깨지기 쉬운 구조에 지나지 않는다"라고 생각한다. (중략) 그렇다면 도대체 진짜 나는 누구인가. 그런 게 있기라도 한 건가. 메칭어 교수는 "뇌란 몸의 감각기구를 통해 얻은 정보를 처리하는 하나의 정보처리체계"라며 '나'란 이러한 뇌가 만들어낸 하나의 허상일 뿐"이라고 주장한다. 적어도 과학적으론 말이다. 부처님께서도 비슷한 말씀을 하셨던 것 같은데…….

[중앙일보] 2007.10.20

그렇다고 해서 육체와 이 개체에 한정해서 가지는 '나'라는 개념, 즉 이 '개체성'과 '자아감'이 틀렸다거나 그것을 없애야 한다는 말은 결코 아니다. 그럴 수도 없고 그럴 필요도 없다. '나'라는 개념은, 기능적으로 그리고 주위 환경과 작용을 주

고받음에 있어서는 굉장히 도움이 되는 개념이다. 다만 문제
는 이 '나'(특히 육체에 한정된 작은 나)에 너무 집중, 집착하
고 지나치게 그 이익을 지키고자 하거나 하면 오히려 처음 의
도와는 반대로 내가 더 고통스러워지거나 괴롭워질 수 있다
는 데 있다. 아주 지나치면 심지어는 주위 사람들과 사회까지
고통스럽게 할 수도 있다.

안철수가 가장 싫어했던 것 중 하나가 바로 그 가장 좁게 제
한된 '나'의 이익을 위해서 사람들이 행하는 이기적이고 비겁
한 행위들이었다. 안철수는 미국 와튼스쿨 MBA 과정 중에 한
교수에게서 들었던 다음의 이야기를 강연이나 인터뷰에서 자
주 언급했다.

와튼 스쿨 MBA 법대 교수가 똑똑한 학생들을 많이 접했는
데 (나중에 보면)똑똑한 이들 중 거의 대부분은 감옥에 있다
고 했습니다. 자기만 생각하는 부도덕한 이들은 사회의 악입
니다. 그런 영재는 기르지 않는 것이 국가적으로 이득일 것
입니다. 우리는 결과에 대한 집착을 바꿔야 합니다.

[광주 MBC 특별 대담] 2010. 3.21

'나'의 개념이
확장되다

사실은 이미 많은 사람이 '나'의 개념이 얼마든지 확장과 축소가 가능하다는 것을 삶 속에서 체험적으로 알고 있다. 간단한 예로, 자신의 가족을 '나'로 여기는 경우가 있다. 가족 전체가 나와 같은 한몸이 되고, 가족 전체를 위해 내 한 몸을 희생하기도 한다. 이것이 좀 더 확장되면 자신이 속한 공동체나 조직을 '나'의 범위 안에 두게 되고, 그 결과 타 공동체와의 싸움이나 대결에서 공동체를 위해 '작은 나'를 기꺼이 희생하는 것이다.

이것이 확장되면 지역공동체 역시 '나'가 될 수 있는데, 현대에서는 이와 관련하여 가장 보편적인 개념이 바로 '국가'이다. 전쟁 때도 그렇지만 스포츠 대결 등에서 쉽게 경험할 수 있는 경우이다. 월드컵은 이와 관련된 가장 전형적인 예라 할 수 있다. 국가 간 축구 경기를 예로 들어보자. A국가와 B국가가 경기한다면 서로 '나'와 '너'가 되고 그 결과 서로 '적'이란 개념이 발생한다. 그런데 이것이 대륙 간 국가그룹의 대표팀 경기가 되면 이제 대륙에 속하는 지역에 있는 A와 B는 더 이상 '남'이 아니라 '나'가 된다. 나의 개념이 확장되는 현상이 일어나는 것이다.

조금 더 재미있는 상상력을 발휘해 본다면(다소 엉뚱한 이야기이긴 하지만), 만약 미래 어느 때에 외계인이 지구를 침공해 온다면 그때는 모든 지구인이 국가, 인종, 종교 등의 차이와는 상관없이 하나의 '거대한 나'가 될 것이다.

굳이 이러한 이야기를 길게 한 이유는, '나'라는 개념을 제한되게 그리고 배타적으로 가지는 것이 얼마나 비합리적인지 말하기 위해서이다. 대중이 안철수를 지지하는 가장 큰 이유도, 그 제한된 나의 개념에 빠지거나 나의 이익만 따지지 않고 그 범위를 최대한 넓혀 대한민국 전체 그리고 고통받는 대다수 사람에까지 확장시켰기 때문이다. 그리고 그는 그것을 단지 말이 아닌 삶으로 보여줘 왔다.

공존을 위한
통찰과 인식

안철수가 비판하는 국내 대기업(재벌, 일종의 한국 사회 기득권층)들을 보자. 그들은 '나'의 개념을 가장 좁게는 대기업 총수 본인, 그리고 그다음은 그의 가족들, 더 넓혀도 회사 임원들 정도로 가질 것이다. 물론 사원들까지 확장될 수도 있겠지만 그것은 조건적이다. 별일이 없을 때야 사원들까지 '나'의 범위에 넣어 여러 가지 사내 정책을 펼치겠지만, 뭔가 충돌이 나거나 일이 생기면 이전의 직원이 이제는 바로 남이 되거나 적이 되기도 한다. 임원들 또한 회사를 나가거나 회사에서 대접을 받지 못하게 되면 더 이상 '나'에 포함되지 못하게 될 것이다. 결국 총수 가족만 남게 된다.

그런데 한국 대기업의 경우 진짜 문제는 이것이 아니다. 일반 국민이나 중소기업들은 애초부터 '나'가 아니므로 이용하고 활용하는 '대상'이 되어 버리는 것이다. 이제까지 대기업들이 주로 의지해 왔던 비즈니스 전략은 국내에서 상대적으로 비싼 가격이나 혹은 저사양의 물건을 판매하면서 그것으로 수익을 내고, 그 이익으로 해외에서 출혈을 감소하며 시장을 넓히는 것이었다. 또한 중소기업을 대기업 자기들만의 '동물원'에 가두고 많은 부분에서 일방적인 관계를 맺어왔다.

안철수는 과거부터 이러한 부분(특히 후자)을 아주 강하게 비판해 왔다. 현재와 같은 일방적인 구조이면 중소기업체들의 기업활동이 극도로 위축되는 것은 물론이고, 극심한 청년실업 문제로도 연결되며(대기업이 제공할 수 있는 일자리는 전체 필요한 일자리에 비해 턱없이 부족하므로), 그다음으로 전체 국민경제가 죽으면서 결국 대기업들도 같이 고사할 것이 분명하기 때문이다. 글로벌 경제체계에서 대기업들이 아예 국외로 진출하고, 그래서 국내의 상황과 관계없이 그들만 살아남을 수 있으리란 예측도 있지만 그것은 오판이다.

더욱 큰 문제는 한국 대기업, 그리고 재벌들이 만약 지금의 기업 운영 행태를 그대로 가져간다면 어떤 일이 벌어질지 모른다는 데 있다. 안철수는 계속 그에 대한 염려를 표현해 왔다. 그는 과거의 성공방식에 매몰되어 지금 같은 수직적이고 편중된 기업환경과 운영이 계속된다면 분명 사회 전체에 위기가 올 것이라 경고했다. 물론 이 말은, 그렇게 되기 전에 서로 협력하고 상생하여 미연에 방지하자는 염려의 마음에서 나온 것이다. 안철수의 기본적 목표는 '모두가 함께 잘 되는 것'이기 때문이다.

산업생태계의 문제 이상으로 시간이 갈수록 커지는 한국 재벌들의 '일상에 대한 점령' 또한 심각하다. 자동차, 휴대폰을 만드는 대기업이 동네 빵집과 떡볶이 가게로까지 진출을 한다면? 그것도 거대한 자본과 시스템을 무기로 말이다. 이것은 결코 공정한 게임이 못 된다. 문제는 재벌가의 후손들이 점점 더 늘어나면서 창업자의 자녀뿐 아니라 그 손자, 손녀, 그리고 그들의 아이들이 결국은 일반 서민이 하고 있는 거의 모든 사업 분야에 뛰어들게 될 수밖에 없다는 데 있다. 이것은 이론이 아니라 지금 현재 한국 사회에서 실제 일어나고 있는 큰 구조적 모순 중 하나이다.

미국에서도 100여 년 전 이러한 문제가 있었다. 다행히도 미국 사회와 정치계는 미국식 재벌기업들로 인해 발생한 문제들에 심각한 문제의식을 가졌다. 덕분에 결코 순탄치만은 않았지만 재벌개혁에 성공했고 강력한 관련법들을 제정했고 합리적인 기업구조와 생태계를 만들어 냈다. (그 대표적 개혁가는 미국 26대 대통령 시어도어 루스벨트였다.) 미국의 재벌들이라고 자신들이 누리고 있던 기득권을 줄이자는 데 저항이 없었을까? 그러나 제대로 개혁하지 못하면 결국 모두가 망할 것이라는 그 '통찰과 인식'이 변화를 가능하게 했다. 1930년대에 이러한 개혁은 완성되었고 그 후부터 미국의 황금시대가 도래했다.

유럽 국가들도 방식은 다르지만 큰 문제가 되기 전에 재벌형 기업들의 해체 과정을 이루어냈다. 흥미로운 것은, 유럽과 미국의 경우 오히려 보수주의자들이 그러한 재벌 개혁에 적극적이었다는 점이다. 그렇게 해서 국민 전체, 그리고 국가 전체가 잘살게 되는 것이 올바른 보수의 가치관으로 여겨졌기 때문이다.

우리나라 재벌과 관련된 이상의 문제들은 바로 '작은 나' 혹은 '좁은 나'라는 개념의 폐단이자 고통스러운 결과라 볼 수 있다. 사람들이 안철수에게 감동하는 이유는 현재 한국 사회에 팽배해 있는, 또 한국 사회와 그 구성원들이 사로잡혀 있는 작은 나·좁은 나의 개념과 정의, 즉 그 생각의 감옥과 틀을 실제 삶을 통해 깨뜨려 왔기 때문이다. 그러면서도 사회가 말하는 성공을 성취했을뿐더러, 그러한 삶 덕분에 오히려 더 성공하고 회사를 살리는 모습을 보여 주었기 때문이다. 오늘날 그는 같은 방식으로 사회를 살리고자 하고 있다. 바로 이것이 우리들 한 사람 한 사람의 심혼을 울리는 진짜 이유이다.

우리 자신과 기업, 정부조차도 아직까지 그 '좁은 나'의 개념과 범위를 깨뜨리길 두려워한다. 만약 그랬다가는 희생당하고, 타인과 타기업이 나를 짓밟고 올라설 것이라는 공포에 휩싸여 있는 것이다. 이 공포를 깨뜨릴 유일한 방법은, 우선 마음에서부터 이기적인 자신과 이익에 대한 집착을 이겨내고 이타적 삶을 사는 것이다. 그러나 사람들은 '내가 서 있는 사이에 그리고 멈춘 사이에 남들이 앞서 나가 버리지 않을까?'라는 생각에 쉽사리 시작하지 못한다.

안철수는 실제 그러한 측면을 실현해왔고, 작은 자신을 넘어서면서도 성취를 일궈내는 것이 가능하다는 희망의 증거를 보여줬다. 그것이 대중의 마음을 울리고 감동을 불러일으켰던 것이다.

혹자는 '허락된 욕망'이란 개념을 사용해서, 안철수가 '능력과 착함'이라는 일견 모순된 듯한(한국 사회에서는) 두 가지 요소를 동시에 가지고 있는 것이 주효했다는 해석도 한다. 그를 통해 사람들에게 자신들의 물질적, 세속적 욕망을 부끄러움 없이 추구할 수 있는 일종의 심리적 알리바이를 제공했으며 이것이 바로 인기의 요인이라 설명하는 것이다. 그러나 필자는 그것은 극히 일부의 이유라 생각한다. 진짜 이유는 한국 사회를 수십 년 동안 배회해 왔던 '이기적 자아(작은 나)'에 대한 당연시와 숭배, 집착을 실제 삶으로 격파했기 때문이다.

'나만을 위해 살아야 생존할 수 있어!' 이것은 안타깝게도 현 한국 사회의 거대한 집단 무의식의 주된 내용이다. 안철수는 '우리를 위해 살면 모두가 더 잘 살고 행복할 수 있어'란 진실을 온몸으로 보여줬다.

보통 인간을 이기적 존재라고 한다. 그러나 동시에 우리 인간은 본능적으로 '순수한 이타성'을 갈망하는 존재들이기도 하다. 내면의 의식 깊은 곳에서는 우리 모두 결국은 순수한 이타성이 '나에게 가장 이로운 선택'이란 것을 알고 있기 때문이다. 왜냐하면 그것이 확장된 나인 '우리에게 가장 이기적인 선택'이기 때문이다. 흥미롭게도, 이 부분에서 이기심과 이타심은 통합된다.

안철수는 어쩌면 우리들의 이타성에 대한 본능적 집단갈망의 순수 정화가 꽃피어난 한 상징적 개체라 볼 수도 있다. 그렇기에 우리에겐 희망이 있다.

현실적인
낙관주의자

'긍정'을 단순히 희망이 아닌 가능성으로, 그리고 '현실'로 만들어 온 사람. 안철수의 지난 행보는 이렇게 요약해 볼 수 있다. 전체 유권자의 50%에 가까운 사람이 그를 지지하는 이유는 단순히 그가 착하기 때문에, 그가 성공했기 때문만은 아니다. 물론 그것이 영향이 전혀 없는 것은 아니겠지만 다분히 부수적이라 할 수 있다. 안철수는 모순된 듯한 2가지 멘탈의 조합인 '현실적인 낙관주의자'의 모습을 실제 삶으로 보여주었다. 사람들은 그 가능성을 의식·무의식적으로 느낀다.

안철수가 강의 중 자주 이야기하는 것으로 '스톡데일 패러독스(Stockdale parasox)'라는 이야기가 있다. 스톡데일은 베트남 전쟁에 참여했던 미 최고위급 장성 중 한 명으로, 베트남군에 잡혀 무려 8년에 걸친 포로생활 후 미국으로 생환했다. 그는 최악의 환경에서도 좌절하지 않고 자신뿐만 아니라 많은 미군 포로들이 삶을 포기하지 않고 살아남도록 정신적 리더의 역할을 한 인물로 유명하다.

이후 스톡데일은 경영학자 짐 콜린스와의 대화에서 '살아남지 못한 사람들의 특징'에 대한 질문을 받았는데, 대답은 뜻밖에도 '낙관론자'들이었다. 그들은 크리스마스에는 나가겠지, 부활절에는 나가겠지, 추수감사절에는 나가겠지 라는 희망 고문으로 스스로 에너지를 낭비하다가 죽어갔다는 것이었다.

다음은 이와 관련해 안철수가 한 라디오 프로그램을 통해 청소년들에서 들려준 이야기이다. 그는 낙관론자는 빨리 돌아갈 것이란 기대에 차 있다가 그 기대가 어긋나면 많은 에너지를 소모하고 죽지만, '긍정주의자'는 빨리 끝나리란 기대를 하지 않는 대신 먼 미래에 대한 희망을 놓지 않기 때문에 오래 버틸 수 있었다며 다음과 같은 메시지를 전한다.

'스톡데일 패러독스'라는 말이 있습니다. 스톡데일은 미군 최고위급 장성으로 월남전에서 포로로 잡혔는데 그가 미국으로 돌아온 뒤 "포로수용소에서 살아남은 사람들은 낙관론자가 아니라 긍정주의자"라고 이야기한 것입니다. (중략) 어려운 때일수록 차가운 머리와 뜨거운 가슴으로 살라고 합니다. 차가운 머리로 현실과 자신을 냉정하고 객관적으로 분석하고 뜨거운 가슴으로 미래와 자신에 대해 열정과 믿음을 갖는 것을 말합니다.

항상 어려운 시기는 긴 법이라서 현실을 냉정하게 바라보는 사람만이 오랜 고난을 극복할 수 있습니다. 머리도 차갑고, 가슴도 차가운 사람은 비관론자입니다. 그들은 오래 버티지 못합니다.

[마음의 문을 열고] EBS / TBS, 서울시교육청 제작, 2010

가슴은 뜨겁게
머리는 차갑게

청소년들을 위한 위의 메시지에서는 '긍정주의자'로 표현했지만, 다른 강연과 책에서는 살아남은 포로들을 '현실주의자'라고 지칭하기도 한다. 그런데 안철수의 이야기에서 '현실주의자'로 표현한 경우 이를 잘못 이해한 사람들은 낙관론은 무조건 위험하며, 냉정한 현실주의자가 되어야 좋다는 식으로 살짝 오해를 하기도 한다. '현실주의자'란 단어 속에 그러한 뉘앙스가 이미 들어있기 때문이다. 그래서 안철수가 후에 청소년들에게 전하는 글에서는 의도적으로 긍정주의자란 단어로 바꾼 것이 아닌가 짐작된다. 이렇게 두 개념이 얼핏 헷갈리는 듯이 사용되고 보이는 것에는 사실 이유가 있다. 먼저, 무엇이 이 이야기의 핵심인지부터 살펴보자.

스톡데일의 이야기를 통해 우리는 다음 2가지를 통찰해 볼 수 있다.

첫째, 낙관론자이기만 한 사람은 위험하다.

둘째, 현실주의자기만 한 사람도 위험하다.

안철수가 이야기하고자 하는 바람직한 삶의 태도는 '현실주의적 낙관론자'라고 볼 수 있다. 안철수는 그것을 '가슴은 뜨겁게, 머리는 차갑게'라고 표현하기도 했다. 무슨 말일까?

지금 시대는 긍정이 무척 필요한 시기이다. 그래서인지 여러 분야에서 '긍정의 심리학, 긍정의 철학' 등이 조명을 받고 있다. 물론 아직까지 세상에 더 큰 영향을 미치는 것은 긍정적 사고방식보다는 부정적 사고방식이라 볼 수 있다.

부정적 정서감을 더 잘 느끼거나 거기에 민감하게 반응하는 것은 인간의 자연스러운 심리로, 이는 원시시대 우리 조상들의 생존을 위해 필수적인 것이었다. 생존본능 차원에서 위기 상황에 민첩하기 대응하기 위한 긴장의 심리, 즉 '부정적 심리'가 더 크게 작용하게 된 것이다. 그러나 오늘날 인간의 문명은 엄청나게 발전하였고, 더는 원시적 생활환경이 존재하지 않는 현대사회에서는 생존을 위해 필요 이상으로 부정적 반응을 할 필요가 없어졌다. 과도한 불안의 생리 반응과 그에 따르는 심리 반응의 필요성이 극히 줄어든 것이다.

159

문제는, 그럼에도 불구하고 인간의 뇌는 원시시대의 상태와 크게 다르지 않다는 데 있다. 인류의 지적 능력과 관련이 있는 대뇌 신피질과 전전두엽 등은 물론 많이 발전했을 것이다. 그러나 신피질 안에 있는, 감정과 보호 본능과 생존 본능을 담당하는 대뇌 변연계는 거의 변화하지 않았다. 그래서 현대인들은 부모에게 야단을 맞거나 친구들에게 왕따를 당하거나 직장 상사에게 꾸지람을 듣거나 자신의 일에서 실패했을 때 등의 상황에서 마치 원시인이 맹수와 마주쳤을 때 느낄 법한 긴장과 스트레스, 부정적 감정 반응을 보인다. 과거의 심리학은 이러한 부정적 정서와 그 기능에 많은 관심을 기울였다.

그런데 심리학에도 서서히 변화가 일어나기 시작했다. 그 결과 나타난 것이 '긍정 심리학(Positive psychology)'이다. 미국의 마틴 셀리그먼(Martin Seligman) 같은 심리학자들이 실제 이러한 이름의 심리학을 창시했다. 이와 비슷한 '행복 철학', '지족 철학', '만족 철학' 등의 분야도 새로 만들어지거나 재창조되었다. 과거 원시시대의 습관으로 인해 자동적으로 '부정적 정서 반응'을 보이기보다는, 의도적 노력과 인지 훈련으로 이왕이면 좀 더 긍정적이고 행복한 생활을 적극적으로 영위하자는 의도이다. 말처럼 쉽진 않겠지만 불가능한 것도 아님을 알기 시작한 것이다.

이러한 인식과 의도는 실제로 아주 유용하고 필요한 것이다. 우리는 좀 더 많은 긍정성을 훈련하고, 더불어 '긍정적 삶의 태도'를 연습해야 한다. 그런데 그런 중에도 조심해야 할 부분은 있다.

막연한 바람이나 생각만으로 낙관하는 '순수한 낙관론자'는 여러 가지 위험성을 내포하고 있다. 이러한 낙관론의 첫 번째 문제는, 낙관하고 있는 바람이나 목표가 실현되지 않았을 때의 실망감이다. 두 번째 문제는 낙관론에 젖어 혹은 낙관론을 유지하기 위해 의식적·무의식적으로 현실 요소에 대한 파악과 주의를 간과하는 것이다. 그래서 결국 좋은 삶의 태도를 가지고 있음에도, 결과가 좋지 못하면 시기가 지남에 따라 낙관했던 만큼 실망하고 절망하거나 현실에 잘 대응하지 못해 오히려 비관론자보다 더 비관적인 상태에 빠지게 될 위험이 있다.

그렇다면 '순수한 현실주의자'는 또 어떨까?

현실주의자는 사태를 될 수 있으면 정확하게 보려 한다는 것이 장점이다. 하지만 지나치게 현실에 빠지거나 매몰돼 버리면 존재할지 모르는 다른 가능성을 놓칠 수 있다. 보통 현실주의자는 자신이 현실을 아주 잘 알고 있다고 생각한다. 그리고 자신이 파악한 현실이 글자 그대로 '가장 객관적이고 사실적인 현실'이라고 여긴다. 그러나 과연 그럴까? 우선 인간의 오감, 즉 감각능력과 범위는 무척 제한되어 있다. 인간 이상의 감각범위를 느끼고 알아차리는 다른 동물들도 무척 많다. 그리고 더욱 큰 한계는 바로 인간이 사용하는 '언어'이다. 세상에는 인간의 언어적 개념으로 파악할 수 있는 것보다는 정의하지 못하거나 포착하지 못하는 것들이 훨씬 더 많다.

심지어 현대 천문학에서 밝힌 우주의 구성물질과 관련해서도 그런 결과가 나온다. 현재 과학적 측정과 계산의 결과로 존재하는 우리 우주의 총 질량을 100으로 잡을 때, 인간이 모든 과학 측정 도구들을 총동원하여 파악한 물질의 총량은 고작 4%밖에 되지 않는다고 한다. 놀랍게도 나머지 96%가 암흑물질(dark matter, 22%)과 암흑에너지(dark energy, 74%)로 구성되어 있음이 밝혀졌다. 실제 검어서 암흑이라고 하는 것이 아니라, 인간의 개념에서 말하는 '물질'로 존재하지 않기 때문에 암흑이라고 하는 것이란다.

다시 말해, 전체가 100이라면 우리 인간은 그중 고작 4만을 알 수 있는데, 그 가운데서도 인간이 오감과 언어로 잡아낼 수 있는 것은 지극히 소량이라는 것이다. 그러니 우리가 정말 제대로 파악하고 있다는 '현실'이라는 것의 그 협소함과 허무함 혹은 실제성은 얼마나 터무니없는가! 96이나 되는 '진짜 현실'을 다 놓치고 있는 것이다.

더더구나, 이렇게 4만을 가지고 현실을 제한하면 대부분의 경우 부정적인 결론을 내리는 함정에 빠지게 된다. 너무 철저한 현실주의자는 비관론자로 흐를 수밖에 없는 이유이다. 이러한 부분을 군이 길게 이야기하는 것은, 순수 현실주의자를 지향할 때 걸릴 수 있는 부정의 함정에 더는 빠지지 말자는 뜻에서다.

그럼 마지막으로, 가장 바람직한 자세로 제시되는 '현실주의적 낙관론자'는 어떨까?

우선 현실주의적 낙관론은 현실주의가 빠지는 비관론을 깨뜨리는 무기가 될 수 있다. 파악할 수 있는 현실은 최대한 객관적으로 보고, 그에 대한 가장 적절한 조치와 대응을 취하되 그것이 '전부'가 아니라는 것, 그것만으로 비관에 빠질 수 없음을 아는 것이다. 내가 알고 있는 것 이외에 더 존재할 수 있는 가능성에 대해 항상 마음을 열어놓고 있는 것이다. 그렇게 하면 현실주의자들이 놓치기 쉬운 가능성을 발견할 수 있다. 또한 반대로 낙관론자들이 빠지기 쉬운 정확한 현실인식의 부족과 그에 따르는 적절한 대응 부족의 문제에서도 벗어날 수 있으며, 장기적으로는 근거 없이 낙관한 만큼 오게 되는 실망과 절망의 부작용도 방지할 수 있다.

현실주의적 낙관론자,
안철수

안철수 본인이 바로 이러한 삶을 살아왔다. 필자는 바로 그 점에 많은 대중이 매료된 것으로 생각한다.

예를 들어, 안철수는 회사의 어떤 정책을 결정할 때 단지 그 것이 회사에 도움이 되고 회사가 잘될 것이라는 정도의 마음 이 아니라, 항상 '그것을 하지 않으면 회사의 생존이 위협받 을 것'이라 생각했다고 한다. 어떻게 보면 이러한 태도는 비 관론적이라 여겨질 수도 있겠지만, 실상은 의도된 것으로서 스스로 만든 위기감이라 할 수 있다. 이러한 위기에 대한 인 식을 바탕으로 본래 자신이 발휘할 수 있는 능력의 120%까지 도 발휘할 수 있었던 것이다.

그리고 그러면서도 그는 결코 비관론에 빠지지 않는다. 다 음의 인터뷰를 보자.

"오래전부터 아무리 이야기해도 변하는 게 없다"며 쓴웃음 을 지으면서도 쓴소리는 계속된다. 그건 여전히 버릴 수 없 는 희망 때문이란다. "희망이 없으면 이런 얘기 할 필요가 없 다"면서 말이다.

[블로터닷넷] 2011. 1. 3

현실주의자로서 안철수는 정말 '현실 부정적'이라 말할 수 있다. 불합리하고 비상식적이며 사람들을 고통스럽게 하는 현실에 대해서는 철저하게 객관적으로 파악하고 계속 의견을 주장하며, 행동을 취한다.

그러나 부조리한 세상의 현실에 항상 불만족을 느끼며 문제점들만 깊이 생각하는 이들과는 달리, 안철수는 '슬픈(혹은 분노한) 현실주의자'에서 멈추지 않는다. 그는 이 현실을 바꿀 수 있고 또 바뀔 수 있다는 긍정의 마음, 즉 '희망'을 계속 품고 있다. 대개 이 두 마음을 동시에 가지기란 무척 어려운 일이다. 이 두 마음은 얼핏 함께 존재할 수 없는 모순된 상태 같기도 하기 때문이다. 하지만 가능하다.

안철수의 이러한 삶의 자세를 이해해 볼 수 있는 좋은 이야기가 있어 소개해 본다.

지금은 골프하면 타이거 우즈가 가장 널리 알려져 있다. 그런데 그전에는 잭 니콜라우스(Jack William Nicklaus)가 있었다. 그 역시 미국의 프로 골프 선수로서, 1940년에 태어나 1961년 프로로 데뷔해서 남자 프로 골프 세계 4대 대회를 모두 석권하며 골프의 제왕이라고 불렸다.

2012년 현재 타이거 우즈의 메이저 대회 우승 기록이 14회인데, 잭 니콜라우스의 은퇴 전 기록은 총 18회였다고 한다. 어쩌면 타이거 우즈에 의해 기록이 깨질 수도 있겠지만, 그렇더라도 우즈 이전의 기록으로는 최고의 기록을 가진 것이다.

잭 니콜라우스가 한창 승리를 구가하고 있던 현역시절 한 인터뷰가 있었다. 그 인터뷰에서 리포터가 "당신은 어떻게 그렇게 골프를 잘 치는가? 혹시 다른 선수들이 가지고 있지 않은 비결이 있는가?"라고 물었다. 그러자 니콜라우스는 자신의 비법을 말해 준다. 그 방법은 지금은 여러 스포츠에서 사용하고 웬만한 골프 선수들은 대부분 사용하는 방법이지만, 당시에는 거의 아무도 생각지 못했던 일종의 '이미지 트레이닝' 혹은 '멘탈 트레이닝' 이었다.

니콜라우스의 답은 이러했다. 자신은 매 타를 치기 전에 반드시 자기만의 '심상화'를 하고 친다는 것이었다. 그 심상화는, 우선 자신이 골프공을 치는 위치로 가는 것을 상상하고 그리고 공을 완벽하게 치고, 그 공이 정확하게 날아가서 원하는 위치에 떨어지는 상상이었다.

그러자 리포터가 질문을 한다. "아, 그럼 혹시 상상한 대로 치지 못하거나 공이 제대로 날아가지 않아 실패하면 어떻게 하시죠?" 그 질문의 의도는, 그렇게 상상하고 치는 것은 좋은데, 만약 상상대로 되지 않으면 실망하게 되어 영향을 받지 않겠냐는 것이었다. 니콜라우스는 뭐라고 답했을까?

그는 말했다. "안 되면 그만이지요!"

풀이해 보자면 이렇다. 우선 그는 한 타 한 타를 칠 때는

'100%의 확신'으로 친다는 것이다. 바로 '긍정론자'이다. 그 구체적 방법으로 선택한 것이 '심상화'로서, 심리적으로는 자신이 '가장 완벽한 스윙'을 하리란 데 대해 털끝만큼의 의심과 흔들림 없이 친다.

그런데 문제가 남아있다. 그러한 사전 확신은 좋은데 만약 실패한다면? 생각대로 공이 날아가지 않는다면? 사실 많은 사람이 이러한 딜레마에 빠진다. 어떤 일을 하기 전에는 마음을 다잡고 긍정적 예상도 하며 성공을 그리고 기원한다. 그런데 결과적으로 일이 잘못되면 기대한 만큼 반대로 절망하고 실망하게 되어 오히려 그다음 일을 하는 데 방해를 받게 된다. 그래서 어떤 이들은 일종의 '방어적 심리'로, 애초에 성공에 대한 기대를 접거나 줄이는 방법을 선택하기도 하는데 이 역시 결코 좋은 방법이 아니다. 자기 능력의 최고치를 발휘하지 못하게 되기 때문이다.

잭 니콜라우스의 '안 되면 그만이다'는 마음은 그러한 부분들까지 모두 고려한 심리전략이라 할 수 있다. 냉정한 현실주의이다. 칠 때는 확신을 하고 치지만, 만약 실패할 경우 그 타는 그냥 넘겨버린다는 것이다. 그리고 더는 마음에 담아두지 않는다. 물론 실패한 이유와 잘못을 객관적으로 파악하고 다시는 같은 실수를 저지르지 않도록 준비할 것이다. 하지만 실패에 따른 부정적 감정은 그 자리에서 바로 처리해 버린다. 그래서 다음 타를 치는 데 영향을 주지 않도록 한다. 더불어, 다음 타 때는 다시 100%의 성공확신을 가지고 최선의 한 타를 치는 것이다. 이처럼 잭 니콜라우스의 비법은 '2가지 멘탈'을 동시에 가지는 것이었다. 앞서 본 바와 같이 안철수의 삶의 태도도 동일하다.

많은 사람이 서로 상반되고 모순되는 듯 보이는 이 2가지 사고 방식을 동시에 가지길 어려워한다. 보통 '100% 확신'을 가지면 그다음의 실패를 심리적으로 잘 받아들이지 못하고, 확신이나 믿음의 강도만큼 실망하거나 절망한다. 또한 '안 되면 그만이지 뭐'의 심리 자세를 가지면 전력을 다해 임하지 못하며, 결국 성공률도 떨어질 수밖에 없다.

반면 안철수는 가능성은 보되 무조건 낙관은 하지 않고, 현실을 직시하되 비관에 빠지지 않으며 현실에 맞설 방법을 찾아 왔다. 한마디로 그는 '긍정'을 단순히 희망이 아닌 가능성으로, 그리고 '현실'로 만들어온 사람이라 할 수 있다. 전체 유권자의 50%에 가까운 사람들이 그를 지지하는 이유는 그저 착해보여서, 혹은 그가 성공했기 때문만이 아니다. 그러한 영향이 전혀 없는 것은 아니겠지만, 다분히 부수적이다. 안철수는 모순된 듯한 2가지 멘탈의 조합인 '현실적인 낙관주의자'의 모습을 실제 삶으로 보여주었다. 사람들은 그 가능성을 의식 · 무의식적으로 느끼고 있는 것이다.

과거와
이별하다

> 이제 대한민국은 과거와 이별할 때가 되었다. 과거에 끊임없이 초점을 맞추다 보면 결코 그것을 넘어설 수 없다. 과거를 다루되 우리의 시야는 미래를 바라보아야 한다. 그러나 과연 누가 미래의 대안이 될 것인가? 현재의 모호한 상황에서 안철수는 한국 사회의 진보(앞으로 나아감)를 상징하는 '대안'이 되고 있다.

안철수는 '나를 객관적으로 잘 알기'의 중요성을 강조한다. 그리고 한 사람이 스스로에게 줄 수 있는 가장 큰 선물은 '하고 싶은 일에 도전하고 성취하는 것. 그리고 그 성공을 사람들과 나누고 다른 사람들에게 도움이 될 수 있는 인생. 나와의 만남, 나의 발견'이라고 했다.

그가 한 라디오의 기획 프로그램에서 청소년들에게 6가지 메시지를 전한 때가 있었다. 그중 '자신에게 줄 수 있는 가장 큰 선물' 이란 제목의 메시지에서 다음과 같이 말했다.

저는 14년간 의사로서의 삶을 살아왔고 그 뒤로 컴퓨터 프로그래머, 경영자로 살아왔습니다. 의사 경력이 프로그래머로서의 삶에 도움이 되지 못했고 프로그래머의 삶이 경영자로서의 역할에 큰 도움이 되지 못했기에 대한민국에서 가장 비효율적 삶을 살아왔고 효율성의 측면에서만 보면 가장 실패한 사람이라고 볼 수 있습니다. 하지만 저는 그렇게 생각하지 않습니다. 효율성만이 삶을 측정하는 잣대는 아니기 때문입니다. 자기에게 맞는 분야를 찾기 위해 쓰이는 시간은 낭비가 아니라 가장 값진 투자입니다. 자신이 어떤 사람인지, 어떤 일에서 보람과 흥미를 느낄 수 있는지를 알아나가는 기회를 주는 것이 자신에게 줄 수 있는 가장 큰 선물입니다.

같은 프로그램의 '나와의 만남, 나의 발견' 이라는 제목의 또 다른 메시지에서는 자기 자신에 대한 편견을 끊임없이 깨뜨려야 한다며, 자신의 경험을 밝히기도 했다.

저는 회사를 경영하기 전까지 저 자신에 대한 편견이 있었습니다. 회사 경영이 저와는 맞지 않으며 만약 사업을 한다면 99%는 망할 것이라는 거였지요. '나는 100% 학자 스타일

이야' 하고 생각했는데 돌이켜보면 잘못 판단한 부분이 있었던 것 같습니다. (중략) 열심히 하는 과정에서 실패할 수도 성공할 수도 있지만 중요한 것은 그런 가운데 자기 자신을 제대로 알아가는 것만으로도 큰 가치가 있다는 것입니다. 물론 지금의 교육환경에서 고등학교 때까지는 그런 기회를 찾기 어렵겠지만 그 이후에는 자신을 알아가는 과정을 부단히 시도해야 합니다. 그런 사람만이 자신에 대한 정체성의 혼란에 빠지지 않아 더 큰 인생의 낭비를 줄일 수 있습니다. 새로운 시도와 선택은 빠르면 빠를수록 좋습니다.

[마음의 문을 열고] EBS / TBS, 서울시교육청 제작, 2010

또한 안철수는 어려운 상황에 처했을 때 자기가 어떻게 행동하는가를 보는 것이야말로 자기 자신을 제대로 파악하는 기회였다고 얘기한다. 즉, 무엇보다도 '말이 아닌 행동으로' 자신을 제대로 볼 수 있었다는 것이다. 우선은 자신에게 적용하는 말이 되겠지만 동시에 우리가 타인들을 제대로 아는 것에도 적용할 수 있는 말이다.

어떻게 보면 안철수의 삶은 이것을 증명해온 것이라 할 수 있겠다. 14년간의 의사생활 후에 자신의 영역이라 여기지 않았던 회사 경영을 시작하고, 또 10여 년 동안 회사를 성공적으로 회사를 경영하다 갑자기 순수 학생 신분으로 미국 유학을 떠났으며, 오랜 시간 동안 끝없는 정치권의 러브콜을 받으면서도 정치는 자신이 잘할 수 있는 분야가 아니라고 생각했기에 계속 거부하다가 마침내 사회의 모순과 정치권의 잘못과 그로 인해 발생하는 사회의 고통을 참지 못해 결연한 '공적 분노'로 정치참여에 나서겠다고 한 것 등. 이 모두 그가 스스로 말한 '진정한 나의 발견'의 실천이었다. 그는 단 한 번도 과거의 성공, 과거의 실패에 발목 잡힌 적이 없었다.

이제 그는 한 발 더 앞으로 나아가는 자기와의 만남을 준비하고 있다. 정치와는 맞지 않을 것이라는 자신의 그 단단한 내적 편견과 외부사회의 편견을 깨고서 말이다. 청소년들에게 그리고 많은 사람에게 이야기했던 '진정한 나와의 만남, 진정한 나의 발견'을 진행하려 하고 있다.

안철수는 이렇게 '자신을 객관적으로 정확하게 알기, 자기 자신을 알아주기'를 통해서 스스로 갖고 있는 편견 혹은 타인과 외부환경의 제한을 끊임없이 깨뜨리고 극복하는 삶을 살아왔다. 그 결과 그는 계속 발전할 수 있었으며 이제 서울시장의 가능성을 넘어 더 확장된 삶이 그를 기다리고 있는 것이다.

과거의 잔상에서 벗어나
미래를 바라보기 위하여

21세기 대한민국의 구성원으로서 우리는 더 이상 '과거'에 발목을 잡힐 이유가 없으며, 그럴 여유도 없다. 이제 그럴 시기는 지났다.

흥미롭게도 뇌신경과학 분야에는 '뇌는 부정문을 인식하지 못한다'는 유명한 법칙이 있다. 이 법칙을 이해하는 방법은 간단하다. 자, 이제 곧 이 책을 읽고 있는 당신에게 뭔가를 '하지 말라'고 말할 것이다. 하지만 당신은 마치 마법처럼 그 하지 말라는 것을 '하게 된다'. 거부할 수 없다. 황당하지 않은가? 어떤 말을 듣던 내가 그걸 안 하기로 결정하면 그만인데, 무엇을 불가항력적으로 하게 된다는 말일까? 그런데 정말 그렇다. 다음의 문장을 잘 보고 당신의 의식 속에 어떤 현상이 일어나는지 잘 관찰해 보라.

"지금, 코끼리를 떠올리지 마세요."

문장대로 코끼리를 떠올리지 않을 수 있는가? 이 문장을 보거나 말을 듣고 코끼리를 떠올리지 않을 수 있는 사람은 세상에 단 한 명도 없다. 이것이 위에서 말한 '뇌는 부정문을 인식하지 못한다'는 법칙이다. '하지 말라(do not)'는 말은 논리적으로는 해석되고 받아들여지지만, 그 전에 먼저 뇌는 그 '하지 말라는 것 자체'를 자동으로 떠올리게 되어 있다.

누군가를 미워할 때 '이제는 그 사람을 미워하지 않을 거야'라고 결심하면 할수록 오히려 그 사람을 떠올리게 된다. 미워하지 않기로 해놓고서도 오히려 '미움'을 먼저 떠올리고 느끼게 된다니, 아이러니하지 않은가? 다른 예로, '나는 다시는 담배를 피우지 않을 것이다'라고 굳은 결심을 한다고 해보자. 하지만 결심과 동시에 '담배'를 떠올릴 수밖에 없다. '그 사람을 이제 잊어야 해'라고 하면 할수록 그 사람은 머릿속에 더욱더 선명하게 떠오른다. '나는 긴장하지 않을 거야', '나는 실망하지 않을 거야' 등도 마찬가지다. 의도와는 정반대로 긴장이나 실망의 개념과 느낌을 먼저 가질 수밖에 없다.

그렇다면 이 딜레마를 해결할 방법은 무엇일까? 방법이 아예 없는 것은 아닐까? 아니, 있다. 그것도 아주 간단하면서 강력한 방법이 존재한다. 바로 '애초에 그것이 아닌 다른 것을 생각하는 것'이다.

물론 할 수 있다면 아예 '그것 자체'를 생각하지 않는 편이 가장 좋을 것이다. 그러나 이 방법보다는 '다른 것'을 능동적으로 생각하고 떠올리고 느끼는 편이 더 쉽고 강력한 방법이다. 왜 그럴까? 인간의 의식은 항상 초점을 맞출 어떤 '대상'을 필요로 하기 때문이다. 의식 자체가 그 '대상'이 없으면 존재하지 않는 기능이다. 그래서 이 속성을 잘 이용하는 것이다.

좀 더 구체적으로 들어가 보자. 과거에 경험한 어떤 불쾌한 장면이나 상황이 있었다고 해 보자. 그것은 감정적으로 분노나 슬픔 등의 충격을 준 일일 수도 있고, 오감적으로 더러움이나 불쾌감, 역겨움을 느꼈던 경우일 수도 있다. 나는 이제 더 이상 그것을 떠올리기 싫다. 하지만 이런 나의 의도와는 반대로 오히려 그 장면, 그 경험은 계속 머릿속을 떠나지 않는다. 그리고 부정적인 느낌은 내적으로 반복해 경험되어진다. 그냥 지워버리거나 떠올리지 않을 수 있다면 가장 좋겠지만, 그러기는 매우 어렵다.

그럴 때는 다음과 같이 하면 된다. 즉, 그와 반대되는 것, 반대되는 느낌과 생각을 주는 대상, 상황, 경험을 의도적으로 떠올리는 것이다. 그러면서 그 새로운 것을 즐기고, 느끼고, 향유하고, 음미하고, 누리면 된다. 이미 알고 있는 것이라거나 누가 모르냐고 할 수도 있다. 해 봤지만 안 되더라고 할 수도 있다. 하지만 그것은 정말 집중하여 제대로 하지 않았을 때 나오는 말이다.

우리가 이용할 수 있는 의식에 대한 또 다른 훌륭한 법칙이 있다. 그것은 바로 '우리 의식은 한 번에 하나에만 집중할 수 있다'는 것이다.

과거의 어떤 부정적인 것이 자동으로 떠오를 때면 의지력을 발동시켜 긍정적인 것, 좋은 것, 기꺼이 떠올리고 싶은 것들을 꾸준히 떠올린다. 시간이 갈수록 우리의 뇌와 의식 속에서 그

두 가지는 점점 자리를 바꾸게 된다. 그러한 과정에서 부정적인 '과거'는 자연스럽게 점점 사라진다. 초기에는 어느 정도 의식적인 노력이 필요하겠지만, 생각보다 어렵지 않고 그리 오래 걸리지도 않는다.

지금 대한민국은 '과거'를 보내버릴 중요한 시기에 와 있다. 물론 과거를 보낸다는 것이 과거에 있었던 일들을 싹 무시하고, 그에 따른 여러 가지 공과를 전혀 처리하지 않으며 모든 것이 다 좋은 게 좋은 것이라며 넘어가는 것은 아니다. 공과는 공정하고 상식에 맞게 모두 잘 처리하는 것이 가장 좋다. 그렇게 하되, 다만 우리의 마음과 생각의 초점을 어디에 둘 것인가가 핵심인 것이다.

과거의 것을 치유하고 청산하는 동시에, 우리 의식은 그 과거의 대상에 머무는 것이 아니라 미래를 바라보아야 한다. '그림자'가 아니라 '태양'을 바라보아야 한다. 태양은 저렇게 찬란하게 빛나고 있는데 계속 그림자 따위나 바라보고 있을 이유가 없는 것이다. 그늘과 어둠을 바라보며, 계속 '저것을 해결해야 하는데, 지워야 하는데, 정말 싫어'라고 아무리 해봤자 해결되는 것은 없다. 그냥 태양을 바라보라. 그리고 그 어둠에 빛을 비춰버리는 것이다. 그러면 없애려 하지 않아도 저절로 없어진다.

가령 어제 지나가면서 더러운 오물이 쌓인 장면을 봤다고 가정하자. 오늘 자꾸만 그것이 떠오른다. 그러면 이제는 내가 좋아하는, 예쁘고 아름답고 향기로운 '꽃'을 떠올리면 된다. 떠올리면서 그 향기와 색깔과 모양을 음미하면 된다.

안철수는 21세기, 2012년 한국 사회에 어쩌면 이 태양과 같은, 빛과 같은, 그리고 꽃과 같은 존재일 수 있다. 이것은 한 개인을 무조건 띄우거나 칭송하려는 것이 결코 아니다. 왜냐하면 이것은 안철수 개인에 대한 언급이 아니기 때문이다. 이것은 우리 내면에 존재하는, 또 우리 모두의 집단 무의식에 존재하는 바로 그 태양과 같은 어떤 '긍정성의 측면', '이타성의 측면', '창조성의 측면'에 대한 이야기이기 때문이다. 우리 속의 그러한 '본능적 갈망'에 대한 이야기이다.

개인 안철수가 아니더라도 그러한 삶을 살아왔고 그러한 생각을 가지고 있는 사람이라면 누구나 그 상징물이 될 수 있다. 즉, 우리에겐 우리 속에 있는 긍정성을 외부로 투사할 대상이 필요한 것이다. 이때 그 대상은 '또 다른 나'가 된다.

그러므로 이제 더는 과거의 그늘, 과거의 오물에 의식의 초점, 주의의 초점을 맞추지 말자. 우리의 마음과 관심을 주지 말자. 그것들을 처리하고 청소하고 치료하기는 하되, 의식의 초점은 이제 미래를 향해서, 태양을 향해서, 빛을 향해 맞추어 보는 것이다. 이제는 그렇게 할 만한 때도 되지 않았을까?

한국 사회의 절취선이
되어온 행보

안철수는 끊임없이 '새로 시작하는 자', 즉 과거와의 절취선으로
서 기능해왔다. 안티바이러스 백신을 만들고, 그것을 계속해서 무
료로 배포하기 위해 사회적 기업의 원형이라 할 수 있는 안철수연
구소를 설립한 것이 대표적이다. 이러한 그의 '새로 시작하는'
패턴에는 3가지 중요 요소가 있다. 철저한 준비, 비상식에 대한 분
노, 창조성이 그것이다. 이로 미루어보아 안철수의 최근의 정치적
행보는 이전 그의 행보와 철저한 일관성을 보인다. 과연 그가 '한
국 정치의 어제와 내일을 가를 절취선'이 될 수 있을 것인가.

안철수가 미래를 보여줄 수 있는, 또한 미래로 안내해줄 수
있는 사람이라는 여러 가지 삶의 증거가 있다. 그 중 가장 강
력한 것은 그가 타고난 '최초 창조자, 최초 개발자, 처음 만드
는 이'라는 것이다.

이러한 '최초 창조'는 말이 쉽지 아무나 할 수 있는 것이 아

니다. 처음에 뭔가가 있을 때 그것을 변형하거나 거기서 아이디어를 얻어 뭔가를 만드는 것은 그나마 많은 사람이 할 수 있는 일이다. 그런데 아무것도 없는 '무(無)'의 상태에서 새로운 '유(有)'를 만들어 내는 것은 정말 드문 능력이다. 그래서 우리는 이러한 '순수 창조'의 능력을 무척 가치 있게 여긴다.

최초의 컴퓨터 바이러스가 나왔을 때, 그때는 지금처럼 국가와 국가, 대륙과 대륙을 연결하는 네트워크(인터넷)가 없었던 때라 발생지에서 다른 국가들로 전파되는 데 몇 년의 시간이 걸렸다. 흥미로운 것은, 당시 몇몇 나라에서 전혀 접촉이 없었던 이들이 컴퓨터 바이러스에 대한 치료(백신) 프로그램을 각기 독자적으로 만들었다는 것이다. 그 시기와 방법에는 조금씩 차이가 있겠지만, 중요한 것은 이들 '스스로, 혼자서, 독자적이고 창의적'으로 컴퓨터 바이러스 치료 프로그램을 만들었다는 사실이다.

이런 경우엔 누가 최초인가 아닌가가 크게 중요한 요소가 되지 못한다. 누가 다른 누구의 것을 미리 알고 모방하거나 이용해서 자신의 치료 프로그램을 개발했다면 그 창의성의 의미가 떨어지겠지만, 완전히 독자적으로 만들었기 때문에 각자가 정식으로 '최초 개발자'가 되는 것이다.

1988년 6월 10일, 당시 의대 대학원생이었던 안철수가 만든 '백신(Vaccine)'이라는 안티바이러스 프로그램은 그렇게 만들어진 것이다. 그 대상은, 수년 전에 파키스탄의 한 형제가 만든 (c)Brain이라는 바이러스로, 만들어진 지 3년여 만에 손에서 손을 거쳐 한국으로 들어온 것으로 추정되었다. 타인의 플로피 디스켓에 허락도 없이 (c)Brain이라는 글자를 쓰고 디스켓을 파괴했던 바이러스였다.

몇몇 자료들에 의하면, 처음으로 문서화된 바이러스 제거 프로그램은 1987년에 발표된 독일인 컴퓨터 보안전문가 번트 픽스(Bernd Fix)의 프로그램이라고 한다. 미국 백신 대기업들의 치료 프로그램은 안철수의 백신 프로그램인 V1보다 1년 뒤에 만들어졌다. 앞서 말했듯이 당시엔 직접적인 연결과 교류가 거의 없었던 때였으므로 각국의 안티바이러스 프로그램 개발자들이 거의 동시다발적으로 각자 프로그램들을 개발한 듯하다.

여기서 핵심은 당시 의대생으로서, 독학으로 컴퓨터 언어(하위 레벨 언어인 어셈블리어)를 공부했던 안철수가 혼자서 백신 프로그램의 아이디어를 떠올리고 실제 프로그램을 개발했다는 사실이다. 당시 한 후배가 바이러스를 치료할 방법을 묻기에 그 방법을 알려 주었으나 이해하지 못하자, 본인이 직접 백신 프로그램을 만들었다고 한다. 밤을 새워 분석한 끝에 바이러스가 감염된 과정을 반대로 하면 치료할 수 있겠다는 통찰에 도달했고, 그것을 실제 프로그램으로 만들어낸 것이다. 그리고 그 후 7년여 동안 매일 새벽 3시부터 6시까지 혼자서 한국에 존재하는 모든 컴퓨터 바이러스에 관한 백신을 만드는 '대장정'을 거쳤다.

바이러스가 처음 퍼지고 있을 때, 일반인이든 전문가든 대부분의 이들은 도대체 그것을 어떻게 치료할 수 있는지 방법을 몰랐거나 혹은 알았더라도 만들어내지 못하고 있었다. 그 방법을 최초로 생각해 내고 또 실제로 만들어냈다는 것이 오늘날 안철수를 있게 한 그의 특별한 점일 것이다.

물론 백신 프로그램의 원리 자체가 정말 복잡한 것이어서 안철수 외에는 좀처럼 생각해내지 못하거나, 만들어내지 못할 정도는 아니었을 것이다. 여기서, 이미 널리 알려졌지만 이 상황에 가장 적절한 '콜럼버스의 달걀' 이야기를 생각해 볼 수 있다. 달걀을 책상 위에 세우는 것이, 기존의 관념 속에 갇혀 있으면 불가능한 것이지만 한쪽 끝을 조금 깨어서 세우면 너무나 간단한 일이 된다는 것. 누가 생각해내기 전에는 불가능하게 여겨지지만, 일단 누군가 해내면 아무것도 아닌 것이 되는 경우가 세상엔 참으로 많다. 바로 그 '첫 번째 생각'의 창조, 바로 이것이 핵심이다.

이와 관련된 유명한 실험도 있다. 파리를 잡아 입구가 넓은 투명한 유리병 속에 넣고 그 입구를 역시 투명한 유리판으로 막아 놓는다. 처음엔 유리판이 있는 줄 모르고 여러 번 부딪히며 나가려고 시도한다. 그러다 몇 번 부딪히면 그다음엔 더 이상 입구의 유리판 쪽으로 날아가지 않는다. 재미있는 사실은, 그 이후 유리판을 치워도 이 파리는 더 이상 입구 쪽으로 가지 않는다는 것이다. 사실은 아무것도 없는데 파리는 자신의 '마음속의 유리판'을 만들고 스스로 그 너머로 날아 올라가지 못하는 것이다. 아니, 날아가지 않는 것이다.

안철수 본인도 여러 강연에서 이 '고정된 사고의 틀'을 깨는 것과 관련된 이야기를 많이 한다. 그가 창의성과 기존 관념을 깨는 것을 중요하게 여긴다는 증거도 많이 있는데, 일례로 강연 중에 백지 위에 가로 3개, 세로 3개의 총 9개 점을 그린 후 손을 떼지 않고 4개의 직선으로 모든 점 위를 한 번에 다 지나가보라는 식의 문제를 내기도 했다.

새로 시작하는 이

안철수의 '최초 창조자, 처음 만드는 이'로서의 모습은 국내 최초로 '사회적 기업'을 설립한 데서도 찾을 수 있다.

무슨 말인가 할 것이다. 그가 세운 것은 회사로서의 안철수연구소였지, 요즘 말하는 사회적 기업이 아니라 생각할 것이기 때문이다. 물론 보다 정확하게 표현하면 '사회적 기업의 원형'에 가장 가까운 기업을 설립한 것이라 말할 수 있다.

필자가 그의 연구소에 대해 그저 벤처기업이 아닌 '사회적 기업'을 설립했다고 굳이 표현하는 데는 이유가 있다. 그가 안철수연구소를 처음 세울 때의 생각과 과정이 그러했기 때문이다. 당시는 아직 사회적 기업에 대한 개념조차 국내에 드물었던 1995년이었다. 안철수는 외국의 유사한 움직임과는 전혀 상관없이 독자적으로 그러한 기업을 세우려 했고, 또 실제 어느 정도 부합했다는 것이 핵심이다.

1994년 의대 대학원 학과장을 그만둔 안철수는, 처음에는 실제로 일종의 '비영리 연구기관 혹은 공익기관'으로 안철수연구소를 세우기 위해 부단히 노력했다. 정부기관이나 기업체 등을 찾아가, 자신이 그간 모은 모든 자료와 프로그램을 무상으로 제공할 테니 사람들에게 무료로 바이러스 백신 프로그램을 제공할 수 있는 공익기관을 세울 수 있도록 도와달라고 고전 분투한다. 그러나 90년대 중반인 당시로써는 아무도 그 정도까지 인식이 발달하지 못했었다. 돈 안 되는 걸 왜 하냐는 식의 타박이 돌아올 뿐이었다.

그러다가 인연이 닿은 기업이 바로 '한글과 컴퓨터'였다. 비록 모습은 공익기관이 아닌 사적 기업으로 시작하지만, 안철수의 처음 철학은 그대로 살려서 회사를 운영하기 시작한다. 그의 경영 원칙은 3가지였다. 첫째는 한국에서도 소프트웨어 회사가 성공할 수 있음을 보여주는 것, 둘째는 한국에서 정직하게 사업해서도 성공할 수 있음을 보여주는 것이었다. 그중 마지막 세 번째 원칙 '공익과 이윤추구가 서로 상반된 것이 아니라 양립할 수 있다는 것' 이 우리가 주목할 부분이다.

사회적 기업은 1970년대 유럽과 미국 등에서 시작되었지만 안철수연구소 설립 당시인 1995년 국내 기업계에서는 완전히 낯선 개념이었다. 그런데 백신 프로그램을 최초로 혼자 개발한 것과 같이, 사회적 기업의 원형적 기업을 혼자서 생각하고 최초로 만들어냈던 것이다.

안철수의 이 '최초 개발자' 특징에는 3가지 요소가 있다. 그냥 창의성 하나만으로 되었던 것이 아니라는 데 주목하자.

첫째는 '철저한 준비' 이다.

안철수가 대학원생 시절 바둑을 배웠던 방법은 유명하다. 그는 실제 바둑을 시작하기 전에 바둑책만 50여 권을 읽었다고 한다. 웬만한 정석들은 거의 다 머릿속에 암기하고, 여러 상황에 대해서도 이론적으로 미리 익혔다. 물론 그리고 나서 바둑을 시작했을 초기에는 알고 있는 정석이나 이론과는 상관없이 형편없이 지는 게임들을 했단다. 하지만 그렇게 계속 실전을 해나가다 보니, 자신처럼 기초(정석과 이론)에 대한 확실한 준비 없이 시작한 이들보다는 훨씬 빨리 실력이 향상되었다는 것이다. 그 결과 매우 빨리 아마 1단의 실력까지 올라갔다. 기초와 원리를 중시하고, 처음부터 그것들을 마스터하고 해당 분야를 시작하는 안철수의 특징을 엿볼 수 있는 부분이다. 남들이 봤을 땐 얼핏 느린 방법인 것 같지만, 사실은 가장 빠른 방법을 알고 있는 것이다.

또 하나의 에피소드는, 바이러스 백신 프로그램의 개발과 관련된 이야기이다. 그는 자신의 대학원 연구에 도움이 될 것으로 여기고 컴퓨터를 깊이 공부하기로 결심한다. 바둑을 배웠을 때처럼 컴퓨터에 대한 기초 및 핵심 지식과 이론을 철저히 공부했다. 당시엔 전공자들도 깊이 배우지 않는 하위 레벨 컴퓨터 언어인 어셈블리어를 배운 것도 그 일환이었다.

그런데 뜻밖에도 그 결과 컴퓨터 바이러스를 치료할 수 있는 실력과 능력이 저절로 겸비되었다. 컴퓨터 OS(윈도우즈 같은 운영체계)와 어셈블리어를 알고 있었기에 바이러스 치료 프로그램에 대한 아이디어를 떠올릴 수 있었고 더 나아가 실제 만들어 낼 수 있었던 것이다.

둘째는 '분노'로, 특히 비상식에 대한 분노이다.

우리는 이미 그의 삶을 움직였던 '착한 분노'에 관해 상세히 보았다. 처음 컴퓨터 바이러스에 관심을 가진 데는 남의 디스켓에 함부로 못된 짓을 하는 것에 대한 분노가 컸다. 의대 대학원 학과장과 컴퓨터 바이러스 치료 프로그램을 만드는 일을 정식으로 하는 것 사이에서 고민할 때도 대학의 불합리하고 비상식적인 학교 행정운영에 대한 분노가 영향을 미쳤다. 동종업계에서 가장 성공한 소프트웨어 회사의 CEO였지만, 사회전체의 왜곡된 기업환경과 구조(대기업 특권 위주로, 중소기업은 죽을 수밖에 없는)에 대한 분노로 힘든 유학의 길을 선택했다. 그러한 모순을 해결할 수 있는 역할을 해내기 위해서는 자기 훈련이 필요했기 때문이다. 그리고 한국 사회 전체와 정치계의 비상식과 모순은 그를 가장 '화나게' 만들어 자신의 길이 아니라고 여기고 있던 정치 영역으로 들어오기까지 이르렀다. 그를 움직이는 분노는 사적인 것이 아니라 전체를 살리고 싶어 하는 절실한 마음에서 나오는 '공적 분노'임을 다시 한번 생각해보자.

이렇게 항상 새롭게 움직이고, 한번 시작하면 중도에 결코 멈추지 않고 끝까지 가서 성공하고 마는 것이 안철수의 패턴이다. 그 시작이 되는 '처음 만드는 자'의 정체성은 비상식에 대한 분노가 없었으면 만들어지지 않았을 것이다.

셋째가 바로 '창조성'과 '창의성'이다.

대개 '처음 시작하는 능력'의 가장 첫 번째 요소로 창조성, 창의성을 떠올리겠지만 안철수의 경우엔 3가지 중 마지막이다. 왜냐하면 앞의 두 요소, 즉 '철저한 준비'와 '비상식에 대한 분노'가 창조성의 기초이자 에너지원이기 때문이다. 앞의 두 요소가 바탕이 되지 않은 창조성은, 창조는 하되 오직 자신

만을 위한 혹은 타인과 세상에 별다른 도움이나 좋은 영향이
되지 못하는 결과가 나올 가능성이 크다. 그것이 나쁘다는 것
이 아니라 별 소용이 없다는 것이다. 하지만 그러면서도 역시
이 창조성, 창의성은 그 자체로 정말 중요한 요소이고 또 따로
계발하고 발전시켜야 하는 능력임에 틀림없다.

그렇다면 이러한 창조성을 키우는 가장 강력한 방법은 무엇
일까? 안철수가 여러 책과 강연에서 말한 요지를 정리하면, 그
방법은 우선 '최대한 과거의 것에 얽매이거나 집착하지 않는
것'이다.

여기서 '과거의 것'에는 여러 가지가 해당된다. 그는 어떤
새로운 일을 할 때 과거의 실패는 물론이고 성공까지 두 가지
모두에 붙들리지 않는 것이 중요하다고 말한다. 실제 그는 삶
에서 한 분야에서 최대한의 성공을 한 후, 그다음 새로운 그리
고 더욱 확장된 영역으로 나아갈 때마다 과거의 것(특히 성공)
에 얽매이지 않았다.

또 하나의 시작

이제 우리는 안철수의 '처음으로 시작하는 이'의 정체성이 발
현될 새로운 영역을 보고 있다. 바로 '정치의 영역'이다. 서울

시장직은 안철수 본인이 믿는 박원순에게 기회를 넘겨주었다. 이제 사람들은 안철수에게 다음 역할을 기대하고 있다.

"열심히 공부를 하고 있는데 뒤에서 웅성거려 돌아보니 사람들이 공부하는 나를 보고 있더라." 안철수가 표현한, 자신을 향한 대중의 관심에 대한 느낌이다. 사람들은 왜 '공부하고 있는 안철수'에게 관심을 보일까? 물론 호기심 때문만은 아니며, 무언가 기대하고 있기 때문이다. 무엇을 기대하는 것일까? 지금 우리가 이야기 나누고 있는 바로 '최초 창조자'로서의 역할을 정치에서도 발휘하길 바라는 것이다. 그에 대한 지지에는 의식적·무의식적으로 바로 이 부분에 대한 기대가 크게 존재한다.

많은 사람이 안철수가 대결과 부조화와 분열로 얼룩진 한국 사회와 정치판에서 타고난 평화주의자로서의 기질을 발휘해 조화와 화합과 포용, 이해, 수용의 정치를 하리란 기대감을 은연중에 가진다. 무조건 모든 것을 허용하고 받아들이는 무책임을 뜻하는 것이 아니라, 서로에 대해 가지고 있는 분노와 적대감을 아우르면서 그 모두를 조화롭게 통합할 수 있는 정치를 희망하는 것이다. 물론 쉬운 일은 아닐 테다. 하지만 '처음 시작하는 이'로서 그가 이제까지 해온 역할을 정치에서 해내리라는 기대는 충분히 가능하다.

지금의 한국 사회는, 정말 새롭게 시작해야 할 것이 너무나 많은 사회이다. '과거의 것'들과 단절하고 그와는 전혀 상관없는 완전히 새로운 많은 것들을 일궈내야만 한다. 우리가 안철수와 함께 '새로 시작할 일'들로는 무엇이 있을까?

먼저 정치·사회제도의 개혁이 가장 우선할 것이다. 아직도 구태를 벗어나지 못하는 사회 시스템, 제도와 구조가 존재한다. 공무원들과 행정가들, 정치인들 중 상당수는 유감스럽게도 '과거에 깊이 젖어 있는' 나머지 쉽사리 그것을 깨뜨리지 못하고 있다. 꼭 그들이 게으르거나 나빠서가 아니다. 그러한 방향으로의 '창조성'이 부족한 것이다. 그리고 '능력'도 부족하다. 안철수는 이제까지 실제 삶에서, 그리고 많은 글과 인터뷰와 강연에서 그러한 정치·사회적 제도 개혁에 대해 강력하면서도 세밀하게 이야기해 왔다.

다음으로 과거의 여러 '이념적 대결요소들의 타파'를 꼽을 수 있다. 21세기 지구 상에서 이념 논쟁을 하는 나라는 극히 일부 후진국들을 빼곤 없다. 아니, 어쩌면 우리 한국 사회뿐일 수도 있다. 남북으로 갈려진 현실이 가장 강력한 원인일 것이다. 그러나 더는 분단이란 현실적 변명이 통하지 않는 시대가 왔다. 낡은 이념 논쟁은(그것이 우파가 좌파를 공격하는 것이든, 좌파가 우파를 공격하는 것이든) 남북의 일부 특권계층의 이익을 위해서는 필요할지 몰라도, 대다수 일반 국민에게는 아무 소용도 필요도 없는 퇴물이자 이미 멸종한 공룡이다.

여기서 주의할 점은, 안철수가 이념 자체를 거부하는 것은 아니리란 점이다. 그것은 마치 생각의 자유, 사상의 자유를 거부하는 것과 같다. 자신의 가치관은 선명하게 유지하지만 그것은 자신의 가치관일 뿐, 결코 타인에게 강요하지 않는다는 철학을 가진 안철수가 그런 단견(이념 자체의 거부)을 가질 수는 없다. 이념은 다양할수록 좋으며, 다양함이 허락될수록 건강한 사회임은 당연하다.

그가 말한 것은 한국 사회에 만연해 온 '서로 다른 이념에 대한 극단적 판단과 적대적 대응 자세'에 대한 거부이다. 생각의 다름을 이념 차이로 몰아가면서, 그냥 다른 것일 뿐인데 틀렸다고 하고 심지어 '적'이라고까지 하는 우리의 현실. 그 답답함에 대한 표현이 언론 인터뷰 등을 통해서 표현된 것이다. 따라서 그가 말하는 것은 이념 자체를 타파하는 것이 아니라, 이념의 자유로움을 거부하고 공격하는 '왜곡된 이념적 대결'의 타파라 볼 수 있다.

마지막으로 여러 '인문적·철학적 미성숙의 성숙화'를 생각할 수 있다.

전후 60여 년 동안, 한국 사회와 구성원들은 서양이 수백 년에 걸쳐 이룩한 경제적 발전을 단 몇십 년에 이루기 위해 정말 글자 그대로 '죽도록' 일해 왔다. 그리고 이제 대략 세계 12위권의 경제대국이 되었다. 문제는 그 결과인 '현재'이다. 그래서 우리는 과연 행복한가? 대한민국은 정말 살 만한 나라인가?

유감스럽게도 많은 통계가 우울한, 심지어 절망에 가까운 현실을 보여 준다. 자살률 1위, 심각한 청년 실업률, 출산율 최저 등은 이제 너무 자주 들어서 익숙해져 버렸을 정도이다. 경제적 양극화 역시 OECD 국가 중 심각성이 가장 상위권에 속한다.

'경제 발전'이라는 물질적 발전에만 목을 매온 이유도 있지만, 더 큰 문제는 발전된 경제의 공정한 분배에 실패했다는 데 있다. 다른 말로 '경제 민주화의 실패'라고도 한다. 대기업, 재벌, 그리고 상위 몇 프로 계층을 제외한 대다수 국민은 심리적으로나 현실적으로나 매우 어려운 경제생활을 영위하고 있다. 과거 급격한 경제발전이라는 필요를 위해 재벌 등을 의도적으로 키우고 특권을 주었던 것이 오늘날 맹독으로 역작용하고 있는 것이다. 그리고 이 독은, 우선은 일반 서민들에게 고통을 주고 있으나 머지않아 재벌, 대기업, 기득권층들에게까지 서서히 고통으로 다가갈 것이다. 결국 다 함께 망하게 되는 길인 것이다.

안철수는 계속해서 '나 혼자가 아닌, 모두가 잘 살고 행복해지는 길'에 대해 소리쳐 왔다. 어쩌면 그의 삶 자체가 바로 그 길을 예시한다 할 수 있다. 많은 사람이 공감하는 그의 깊은 삶의 철학들은 어디에서 왔을까? 모두가 알다시피 안철수의 독서량은 엄청나다. 어릴 적부터 지금까지 변화 없이 계속해서 많은 책을 읽고 있다. 물론 단순히 방대한 '독서의 양'이 관건은 아닐 것이다. 하지만 같은 조건이라면, 다양하고 깊은 독서는 한 사람의 삶을 바꿀 정도로 중요한 요소가 된다.

2010년 3월, EBS 교육방송(FM 104.5MHz)과 TBS 교통방송(FM 95.1MHz)에서 서울시 교육청이 제작하는 청소년을 위한 방송 '마음의 문을 열고'를 방송했는데 마침 이때 안철수가 전한 메시지 중 책과 독서에 대한 내용이 있어서 옮겨본다.

저는 어려서부터 혼자 있는 것을 즐기는 내성적인 성격이었으며 발표를 잘하는 적극적인 아이도 아니었습니다. 공부를 뛰어나게 잘하지도 않았고 잘하는 운동도 없었습니다. 실제로 "나는 왜 잘하는 것이 하나도 없을까?"라는 고민도 종종 했습니다.

하지만 제가 좋아하는 것이 있었습니다. 어렸을 때부터 저는 '활자중독증'이라는 말이 나올 정도로 책 읽기를 좋아했습니다. 매일 한 권씩 책을 읽고 반납하자 사서 선생님께서 제가 장난치는 줄 알고는 책을 안 빌려 주겠다고 한 적도 있었습니다. 결국 저는 그 도서관의 책을 모두 읽었습니다. 저의 독서편력은 대학을 거치면서 오늘날까지 계속되어 주기적으로 국내 서점뿐만 아니라 외국 서점까지도 인터넷으로

샅샅이 뒤져 책을 주문해 보고 있습니다.

　제가 인생의 전환점과 기로에 설 때마다 책은 저의 스승이었으며 훌륭한 선배였으며 저의 손을 잡아 이끄는 어머니였습니다. 책은 저를 성장시켰으며, 저를 고민하게 했으며, 제 삶을 선택하게 도와주었습니다. '더 넓은 세상에 가기 위해서는 책이 필요하다.'라고 한 제인 해밀턴의 말처럼 여러분이 세상에서 길을 잃을 때, 더 넓은 세상 앞에서 두려움에 발길을 멈출 때, 꾸준히 읽어 둔 여러분의 책들이 손을 잡아 이끌어줄 것입니다. 청소년 여러분! 책과 함께 나아가는 여러분이 되시기 바랍니다.

　이러한 그의 삶과 인생철학 속에서 우리는 '진정한 인문적 철학'을 보고 느낄 수 있다. 평생을 엄청난 독서와 행동으로 생생한 삶의 철학을 완성해온 안철수와 함께 과거의 미성숙한 삶의 철학들을 성숙하게 변화시키는 작업을 해 나갈 수 있을 것이다.

Part 03

지금 우리에게
필요한 것은

한국 사회에 대해 그가 말해온 것들

안철수의
질문

안철수는 가히 질문의 달인이라 할 수 있다. 실제로 그는 중요한 일이 있을 때마다 자신에게 질문을 던지고 답하는 과정에서 삶의 방향성을 찾아왔다고 한다. 그런데 안철수가 우리에게, 그리고 자신에게 해온 질문 중 그의 정치사회적 고뇌의 방향을 짐작하게 하는 것들이 있다. 기업 경영에 대한 세 가지 질문이 그것이다.

질문은 인간을 가장 인간답게 하는 행위 중 하나이며, 질문 중에 가장 가치 있는 것은 그 의미를 다시 묻는 질문이다. 이것은 '기존에 있는 것이라고 해서 무조건 받아들이진 않겠다'는 선언이기도 하다. 주체적·창의적으로 재정립하고 그에 따라 충실히 살아가겠다는 의지의 표명이기도 하다.

안철수는 가히 질문의 달인이라 할 수 있다. 여러 글에서 그는 좋은 질문을 하는 것이 얼마나 중요한지 강조했다. 실제로도 모두가 당연하다 여겼던 것에 다음과 같은 3가지 근본적 질문을 던지고 치열하게 고민을 한 결과 자신만의 고유한 답을 얻었다. 그가 던졌던 질문은 자본주의 사회에서의 기업과 기업활동에 대한 근본적인 질문이었다.

"왜 사람들이 모여서 일을 해야 하지?"
"자본주의 사회에서 회사가 존재하는 의미는?"
"기업의 목적은 수익 창출인가?"

대부분은 이러한 의문을 잘 품지 않으며, 사회와 타인들에 의해 주어진 답을 무의식중에 받아들인다. 그리고 그렇게 무비판적으로 받아들인 답대로 무심결에 살아간다. 이 3가지 질문에 대해 안철수가 스스로 얻은 답은 다음과 같다. (이제는 여러 경로를 통해 많이 알려져 있기도 하다.)

첫 번째 질문에 대한 답은, 한 사람이 할 수 없는 크고 의미 있는 일을 이루기 위해서 여럿이 모여 함께 일하고 만들어 가는 것이다.

두 번째 질문에 대해서는, 자본주의 사회에서 기업이 가지는 진정한 의미는 '함께 사는 사회를 풍요롭게 만들 수 있는 존재'란 결론에 이르렀다. 기업은 사회에 필요재를 공급할 수 있으며, 다른 한편으로는 일하는 사람에게 자아실현의 장이 될 수도 있다. 이렇듯 단순히 투자자에게 수익을 주는 것 이상의 의미를 가진 귀중한 존재가 될 수 있다는 것이다.

세 번째 질문에는 기업의 목적은 수익창출이 아니며, 수익이라는 것은 기업 활동을 열심히 한 결과란 답을 얻었다. (이는 현대 경영학의 구루로 존경받았던, 지금은 작고한 피터 드러커와의 주장과도 일맥상통한다.)

필자는 정치에 관해서도 똑같은 질문을 던질 수 있다고 생각한다.

단지 질문만 던지는 것이 아니라 실제 그 답을 생각해 보는 것이다. 마치 안철수가 기업과 기업활동에 대한 근본적인 질문과 답을 얻었듯이 말이다.

"왜 사람들은 정치를 해야 할까?"
"지금 시대에 정치가 존재하는 의미는?"
"정치의 목적은 무엇인가?"

이제 우리는 이러한 질문을 진지하게 던져보아야 한다. 기존의 답들이 모두 틀렸거나 쓸모없다는 것이 아니다. 진정으로 정치가 변화하길 원하고, 그것이 삶에 좋은 영향을 미치길 바란다면 정치인에게만 기댈 것이 아니라 우리 스스로가 답을 찾아야 한다. 그리고 그것이 자연스럽게 삶에 적용되도록 해야 한다. 또한 안철수는 이렇게 질문한다.

"지금 우리에게 필요한 것은 무엇인가?"

안철수는 이 질문을 수년 전 펴낸 자신의 책 제목으로 사용했고, 최근에는 강연주제(2012년 5월 30일 부산대학교 강연)로 삼기도 했다. 그가 거듭거듭 던지는 이 질문의 의미를 함께 깊이 생각해보자.

안철수가 기업과 기업활동에 대한 근본적인 질문을 통해 답을 얻었듯, 정치와 정치활동에도 질문을 던진다면 과연 어떤 답을 얻을 것인가. 그리고 그것은 안철수를 어디로 나아가게 할 것인가. 이러한 생각을 통해 한국 사회에 대해 안철수가 가진 생각, 그리고 앞으로 그가 걸어갈 길을 짐작해 볼 수 있을 것이다.

정의가 존재하는
경제를 위하여

경제민주화는 이제 시대의 과제가 되었다. 만약 지금 실행하지 못한다면 우리에게는 미래가 없을지도 모른다. 안철수는 누구보다도 일찍 이러한 문제를 인식하고 끊임없이 이야기해왔다. 그가 말하는 경제 민주화는 사회적 정의와 복지의 문제로서, 그중 정의는 안철수가 가장 중시하는 가치이기도 하다.

과거에는 경제 전문가나 정치인만의 관심사로 여겨졌던 '경제 민주화'가 이제는 시대의 당위가 되었다. 한국에서는 특히 재벌 개혁이 그 큰 축이다. 그러나 경제 민주화는 일부가 오해하듯 재벌 해체 등을 말하는 것이 아니다. 기업의 경우, 오히려 우수기업의 지배구조와 재정, 경영을 더욱 건강하고 투명하게 만들어 실제 기업가치와 기업활동은 더 커지고 활발해진다. 이는 선진국들에서 이미 검증된 결과이다.

　물론 개혁의 대상이 될 당사자들과 그들에 동조하는 이들은 심리적 불안을 느끼고 또 강하게 반대의사를 표시하고 있다. 그들로선 당연한 반응이며 이해할 수도 있다. 그러나 시대의 과제인 경제 민주화는 더 이상 미루어질 수 없는 상황이다. 만약 지금 실행하지 못한다면 우리에게 미래가 없을 수도 있기 때문이다. 그러므로 경제 민주화는 우리 모두의 미래를 위한 역사의 물결이다.

　이를 반영하듯, 2012년 12월 대선을 앞둔 시점에서 여당과 야당 양측 모두 경제 민주화를 주요 정책으로 내세우고 있다. 세부 내용과 실천의 정도는 당연히 차이가 있겠지만 이것이 시대적 당위이며 대세임을 보수 · 진보 세력 모두 알고 있는 것이다. 다만, 명심해야 할 것은 어느 쪽이든 그 의도가 진정한 경제 민주화의 실현이어야 한다는 것이다. 만약 여론과 시대정신의 눈치를 보면서 적당히 시늉만 하는 가짜 경제 민주화라면 그들은 차후 국민의 혹독한 심판을 받을 것이다. 그 경우 단기적으로는 특정 세력의 이익을 확보할지 모르지만, 결국 자신들을 포함한 사회 전체를 돌이킬 수 없는 상황에 빠지게 할 것이 자명하다. 이것을 통찰할 줄 알아야 하고 사적 이익에 천착한 견해와 가치관에 매몰되지 않아야 한다.

　안철수는 누구보다도 일찍이 경제 민주화 문제를 인식하고 이야기해 왔다. 안철수가 인터뷰 등에서 말한 내용을 보면 좀 더 구체적으로 알 수 있다.

　　지금 한국 경제는 중소기업·벤처 기업은 거의 다 죽어버리고 대기업만 남아 있는 형국이라서 위험이 매우 크다. 외환위기 때 국가경제가 한 방에 다 날아가 버리지 않았는가. 대기업 중심의 커다란 구조가 한쪽에 튼튼하게 자리 잡고 있되, 그 옆에 중소기업·벤처 기업이 거의 같은 규모로 존재해야 한다. 그래야 한쪽이 힘들 때 다른 쪽이 버텨줄 수 있다. 대기업과 중소기업·벤처 기업이라는 튼튼한 두 기둥으로 가야 한다. 그러려면 대기업의 중소기업 착취 구조를 없애야 한다.

　　삼성뿐 아니라 전체 대기업의 문제를 언급한 것이다. '삼성동물원'만 말한 게 아니고 'LG동물원', 'SK동물원'도 말했다. 중소기업과의 거래에서 전반적인 착취 문제가 재벌 대기업 중심으로 묶여 있는 현상을 동물원에 빗대 표현한 것이다. (중략) 주주의 이익만을 극대화하는 경영이 문제다. 이해관계자 관점의 경영으로 바꿔가야 한다. 정부조차 단기적 시야에 빠져 비정규 노동을 고용하고 있다. 정부 부처가 다양한 이유는 각 부처가 맡고 있는 사람들의 목소리를 대변해 다른 분야와 견제와 균형을 이루는 데 있다. 고용노동부 장관은 노동자의 입장을 대변하고 지식경제부 장관은 산업체의 입장을 대변하면서 서로 열심히 싸워야 한다. 둘이 같은 목소리를 내면 오히려 이상한 것이다. 그동안 민간 대기업의 불공정거래만 자꾸 언급하는데, 공공기관도 불공정거래 주범 중 하나다. 정부가 대·중소기업 상생을 외치는 와중에도 공기업들이 거래 중소기업에 대해 불공정거래를 일삼고 있다.

[한겨레] 2011. 4.30

물론 안철수 외에 정치권과 학계 전문가들도 지난 10여 년간 이 문제에 관하여 치열한 연구와 해결책 모색을 해왔다. 그 결과 현시점에서 각 정당은 경제 민주화를 위한 여러 방안을 제시하고 있다. 미국과 유럽 국가 등 선진국들이 과거에 성공을 거둔 여러 법적 제도와 방법들을 연구하고 도입하려 한다. 안타깝게도 지금까지는 경제 민주화, 그리고 재벌개혁에 대한 문제는 인식했으되 논의에만 그쳐왔다. 오늘날 같이 심각하고 불합리한 '재벌 편향적 시장'이 형성될 때까지 언론과 정치인, 관료 중 누구도 제대로 된 제재와 규제를 하지 못했으며 시민사회 역시 실력이 부족해서 제대로 대응을 못한 측면이 컸다. 그러는 동안 관련 법과 시장환경은 점점 더 심하게 왜곡됐고, 이제는 결국 대다수 국민이 그 심각성을 직접 느끼고 경험하는 상황까지 왔다. 거대 자본과 특권(반칙)을 기반으로 중소기업 영역을 불공평하게 침범하는 것도 안 될 일이지만, 재벌이 골목 상권까지 진출하는 현실은 일반 서민도 더는 두고 볼 수 없는 상황까지 온 것이다.

경제 민주화의 구체적 방향은 소통과 조화를 통한 '사회적 대통합'일 수도 있고, 또 강력한 재벌개혁 관련 규제법률일 수도 있다. 2가지 모두 유럽과 미국에서 이미 효과를 본 방법론이다. 그런데 이러한 다양한 방법을 고민할 때 잊어서는 안 되는 것이 있으니, 방법론 이전에 '사람'이 핵심이 되어야 한다는 점이다. 즉 '지금 우리에게 가장 필요한 것'은 경제 민주화를 제대로 실행할 수 있는 사람들인 것이다.

기성 정치인들과 정치권이 못내 미덥지 못한 이유 중 하나는 '~장학생'과 같은 말이 있을 정도로, 그들이 재벌의 영향권에서 완전히 벗어나지 못한 현실 때문이다. 미국은 100여 년 전에 루스벨트 대통령이 재벌 개혁을 시작한 이후, 1930년경부터 제대로 정착되면서 황금기를 맞았다. 그런데 흥미롭게도 당시 재벌개혁에 가장 적극적으로 나선 정치인은 대부분 여성 정치인이었다고 한다. 여성들은 재벌들로부터 정치자금 등의 지원을 받지 않은 상태였기에 그들로부터 자유로웠기 때문이었다. 이것이 시사하는 바는 상당히 크다. 더구나 한국은 미국에 비교할 때 훨씬 더 심각한 상황일 것이다. 여당의 어느 정치인이 인터뷰 중 한 말은 그 심각성이 현실임을 일깨워 준다. 그가 여당의 정강 정책을 재구축하며 경제 민주화를 이야기하니, 기업들은 국회의원이 모두 자신들 관리하에 있기에 입법이 될 수 없다는 식의 반응을 보였다는 것이다.

스웨덴의 발렌베리(Wallenberg) 그룹의 사례도 시사하는 바가 크다. (세계 최대 통신업체 '에릭슨'을 소유하고 있는 발렌베리 그룹은 스웨덴에서 5대째 존경받는 기업으로 손꼽히고 있다.) 그들은 당시 소련에서 볼셰비키 혁명(1917년 10월)이 일어나면서 일부가 소유했던 과도한 부가 강제로 해체되는 것을 보았다. 발렌베리 가는 자신들도 그러한 상황을 맞기 전에, 오히려 본인들이 사회적 책임을 다하고 노동자의 권리를 보장하는 등의 대타협을 한다. 재벌의 이해관계와 국민경제의 이해관계를 일치시킨 것이다. 지금처럼 수 대째 존경받는 국민기업으로의 명성이 그냥 나오지는 않은 것이다. (〈프레시안〉 홍종학 교수 인터뷰 "탐욕의 재벌…" 참조.)

여당이든 야당이든 경제 민주화를 이야기하지만, 안철수의 말대로 '말이 아니라 이제까지 실제로 행해온 행동을 보아야' 한다. 그들이 과거에 했던 행동을 보면 고통받는 국민 전체를 위한 경제 민주화를 진심으로 행할 것인지 아닌지 판단할 수 있다. 우리는 더 이상 속을 수 없다. 이번에도 속으면 돌이킬 수 없는 상황이 도래할 가능성이 아주 크기 때문이다. 소수 특권층의 이익만을 위해 지금처럼 계속 경제 구조와 내용이 왜곡된다면, 머지않아 크게 내외부적 충격이 올 것이며 약해질 대로 약해진 한국 경제의 체질은 견뎌내지 못하고 무너질 것이다.

경제 민주화
그리고 안철수의 정의

한국 사회는 진실로 '정의'에 목말라 있다. 저자의 나라인 미국에서 10만 부 정도밖에 팔리지 않은 마이클 센델의 책 ≪정의란 무엇인가≫가 한국에서 100만 부(2012년 6월 현재 130만 부 이상 판매)가 넘게 팔렸다는 것은 정의에 대한 한국민의 갈망을 단적으로 보여준다.

안철수가 경제 민주화 못지않게 강조해 온 것이 바로 정의이다. 그는 자신이든 타인이든 사적인 이익을 위해 취하는 '비겁한 행동'을 가장 싫어한다는 말을 여러 차례 했다. 다음의 인터뷰를 보면 그가 정의란 주제를 얼마나 중시하는지 확인할 수 있다.

기　자 : 안 교수에게 '공정'과 '정의'란 무엇인가?

안철수 : 이론적으로야 사회적 약자뿐 아니라 가진 사람도
　　　　불이익을 당하면 안 되는 것이 공정이다. 하지만

한국적 상황에서는 사회·경제적 약자 편에 기울어야 하는 게 '정의'다. 한쪽에 너무 치우쳐 있기 때문이다. 로마 시대에 전쟁이 나면 사회 지도층의 전사자가 더 많았다. 사회적 강자일수록 군대 가는 사람이 훨씬 적은 우리 현실은 정의롭지 못하다. 지도층이나 강자일수록 법의 심판을 더 혹독하게 받아야 한다. 불공정거래 같은 불법적 이익 약탈 행위는 기업가정신을 해치고, 사람들을 겁나게 하고 도전 정신을 가로막는 핵심 문제다. 이것만 해결되면 중산층 붕괴 등 많은 문제가 연쇄적으로 풀릴 수 있다.

[한겨레] 2011. 4.30

서해성 : 최고의 바이러스 전문가로서 한국 사회에 가장 필요한 백신이 무엇이라고 생각하는지. 소셜 백신!

안철수 : 추상적으로 말씀드리면 정의죠. 역시 정의로운 사회가 젤 중요한 거 같아요.

한홍구 : 정의가 뭡니까?

안철수 : 상식적으로 보면 힘없는 자 편에 서는 게 한국 사회 정의 같거든요. 강한 사람들은 국가 필요 없잖습니까? 국가가 해야 할 일은 약한 사람 보호하는 건데

요. 안 그러면 약육강식 동물사회랑 똑같죠.

서해성 : 두 번째 백신은 뭡니까?

안철수 : 계속 그것. 두 번째, 세 번째도 정의!

[한겨레] 2011. 3.24

정의와 관련하여 필자가 안철수의 언급 중에서 눈여겨 본 부분이 또 있다. 아래 부분이다.

은행은 국가에서 영업 허가를 받아 독점적 혜택을 누리는 기관인데, 돈을 빌려줄 때 법인의 리스크를 정확하게 측정해 관리하면서 거기에 맞게 적절한 이자율을 매겨야 한다. 그게 본연의 은행 역할이다. 그런데 은행이 리스크 측정 실력이 없으니까 그 부담을 전부 창업 기업에 전가한다. 또 간단히 연대보증을 세우는 식으로 리스크를 쉽게 해결하고 있다. 공짜로 돈장사할 수 있는 면허를 국가에서 받은 만큼 실력을 갖춰야 하는데, 실력은 키우지 않고 연대보증으로 해결하다 보니 사업에 한 번 실패하면 금융사범으로 전락해 재기가 불가능해진다.

[한겨레] 2011. 4.30

서민과 중소기업에겐 심각한 문제인 은행의 연대보증 문제에 대한 이야기이다. 모두가 그 불합리와 모순을 이야기하지만 아무도 고치려 하지 않는 고질적인 병폐이다. 안철수는 이문제를 선명하게 이야기한다. 더구나 그 근본원인인 은행들의 무책임과 게으름까지 정확하게 지적한다.

안철수는 2012년 5월 부산대학교 강연에서, 현재 전 세대가 고통받고 있는 불행한 한국 사회를 행복하게 만들 3가지 키워드로 복지, 정의, 평화를 제시했다. 대중 강연이라 각 주제에 대해 어느 수준 이상의 상세한 이야기는 할 수 없었을 것이다. 그런데 이 세 주제 중 '정의'에 대해서는 비교적 자세하게 이야기했다. 그는 본인이 생각하는 3가지 정의를 '달리기 경기'에 비유해서 말했다.

첫째는, 출발선상에서의 정의이다. 출발선에서부터 불공평한 차별과 차이, 특권 등이 없어야 한다는 것이다. 그러나 한국 사회에는 지금 이 출발선상의 불공평, 불합리, 특권부여가 심각하며 이를 고쳐나가야 한다고 말한다.

둘째는, 달리는 중의 정의이다. 즉, 경쟁과정 중의 공정함이다. 골목상권까지 침범하는 재벌들(동네 빵집 등)의 불공정한 모습을 보며 많은 국민이 이를 절실히 느끼고 있다. 지금 벌어지고 있는 재벌들의 무분별한 상권진출은, 마치 육중한 성인과 약하디약한 유치원생 간의 씨름과 같은 것이다. 안철수는 이를 위해 규제는 점점 없애가되 대신 '감시 기능의 강화'를 강하게 주장한다.

그는 이를 야구경기에 비유해 설명한다. 야구경기에서 규칙이 너무 많고 복잡하면 경기가 재미없어질 것이므로 최대한 핵심적이며 간략한 규칙만 남기도록 하는 것이 좋다. 그러나 만약 심판이 없다면? 그것은 더 이상 야구경기가 아니라 약육강식의 밀림이 되어 버릴 것이다. 기득권에게 불합리하게 과도한 특권이 주어지면 우선 다른 사회 구성원이 점점 그 결과에 승복하지 않게 될 것이며, 기득권 자신도 노력과 실력 쌓기를 게을리하게 된다. 결과적으로 스스로에게 독이 되고, 그 결과 약해져서 큰 외풍이 한 번 불면 쓰러지고 만다. 즉, '정의'란 어느 누구 혹은 어느 계층만을 위한 것이 아니라 우리 모두를 위한 것이란 뜻이다.

셋째는, 결승선에서의 정의이다. 특히 패자에 재도전의 기회를 주는 것이다. 이것은 이미 실패의 요람인 실리콘밸리의 이야기를 통해 충분히 이야기한 바이다.

안철수는 사회 전반의 모든 분야에 걸친 정의를 주장하고, 자신이 할 수 있는 영역과 선에서 최선을 다해 실현해 왔다. 안철수가 특히 많이 강조해 온 정의는 '경제적 정의'이다. 정치적인 의미에서의 정의와 사회적인 의미에서의 정의 또한 계속 생각하고 있겠지만, 기업인이자 경영학자로서 실제 대외적으로 활동해 오면서 한 발언 중에는 경제영역에 대한 표현이 많았다. 그의 이러한 주장은, 단순히 특권 계층에 대한 분노와 미움 같은 사적인 것이 아니라, 경제 민주화야말로 진정 공동체를 위해 필요한 것이라는 공적 인식에 기초해 있다. 경제 민주화의 기초가 확고히 잡히면 정치·사회 민주화 역시 더욱 공고해질 것이다.

경제 민주화
그리고 안철수의 복지

안철수는 이미 자신의 복지관에 관해 분명하게 밝혀왔다. 또 그가 운영했던 안철수연구소에서는 사원들을 위한 여러 복지제도가 시행되고 있는데, 이를 바탕으로 안철수의 복지관을 엿볼 수도 있을 것이다. (자세한 내용이 궁금하다면 ≪세상에서 가장 안전한 이름, 안철수연구소≫를 참고할 수 있다.)

안철수가 부산대 강연에서 밝힌 복지관은, 단순히 배분하고 그것을 소비하는 일방향이고 좁은 의미의 것이 아니었다. 경제적 발전으로 가난을 극복했으며, 또 정치적 민주화로 자유를 얻었다지만 한국 사회는 아직 전반적으로 불안 요소가 너무나 큰 사회이다. 교육, 취업, 주거, 자녀양육과 교육, 건강, 노후대책 등 거의 전 세대에 걸친 전방위적 불안이 존재한다.

OECD 국가 중 자살률 1위의 오명은 사라질 줄 모르며, 심지어는 모두가 무덤덤해졌을 정도이다. (하루 40명, 한 달 1,200명, 1년 1만 2천 명의 목숨이 스스로에 의해 사라지는 비극임에도 말이다.) 개인이 불안해질수록 결국 집단 이기주의에 기댈 수밖에 없고 사회공동체의 공동선 추구는 멀어진다. 결국 엄청난 사회적 낭비가 존재하게 되는데, 이것이 지금 우리 사회의 모습이다.

안철수의 복지관은 이러한 사회 전반에 만연하는 불안한 환경과 구조를, 건강하고 생산적인 사회안전망 구축으로 없애나가겠다는 것이다. 그래서 더는 개인(국민)이 불안해하지 않으며 살 수 있고, 그것이 단지 사회 구성원들의 행복을 보장하는 것을 넘어 더욱 활발하게 사회 · 문화 · 경제적 활동을 진작시킴으로써 사회 전반에 걸친 발전을 도모하자는 것이다. '소비'적인 복지에서 '생산'적인 복지로의 진화라 할 수 있다.

안철수의 복지철학이 가장 분명하게 드러난 것은 지난 2월에 있었던 '안철수 재단'의 설립계획 발표에서였다. 그는 자신이 보유한 안철수연구소 지분의 절반을 출연한다. (처음엔 전체 지분 출연을 계획했지만, 회사가 적대적 M&A의 위험성에 노출되는 것을 막기 위해 절반으로 정했다 한다.) 출연 당시 시가는 전체 1,500억 원가량이었고, 주가의 변동에 따라 2,000억에 육박하기도 하는 엄청난 규모였다.

보도자료로 발표한 재단 운용의 핵심은 다음과 같았다.

재단은 무엇보다 '수평적 나눔'을 실천하고자 한다. 즉, 사회로부터 받은 혜택의 일부를 다시 사회로 돌려주려는 마음을 담고자 한다. 또한 함께 살아가는 사회의 구성원 모두가 공평한 기회를 누릴 수 있는 사회적 토양을 일구는 데 기여하고자 한다.

재단은 모든 이가 기부자이자 수혜자가 돼 서로를 도울 수 있는 '가치 선순환'을 지향한다. 수혜자는 단지 사회적 약자나 소외 계층이라기보다는 무한한 잠재력을 지닌 미래의 가치다. 이 수혜자는 미래에 다른 누군가를 도울 수 있게 성장할 수 있다. 재단은 이런 가치의 선순환, 즉 지속가능성을 추구한다. 따라서 기부자 · 수혜자라는 구분을 넘어 서로가 서로를 도우면서 성장 · 발전할 수 있는 "친구"가 될 수 있도록, 재단은 그 연결고리 역할을 하고자 한다.

재단이 추구하는 사업 방향은 △수혜자와 함께 만들어가는 기부 문화 조성 △첨단 IT기술을 이용한 손쉬운 기부 실현 △다른 공익재단과의 적극적 협력 등 세 가지다.

우선 기부자 중심의 기부 문화를 수혜자도 능동적으로 참여할 수 있도록 바꾸는 데 초점을 맞췄다.

한국 사회의 복지정책과 복지의 정도는 국제적 기준과 비교해봐도 아직 많이 부족하다. 굳이 다른 선진국들과 비교할 필요 없이, 지금 우리가 직면한 여러 사회적·개인적 불안 정도와 그 불안에 대한 구체적 대응책이 존재하는가 아닌가를 보면 알 수 있는 문제이다.

생각해 보라. 한 개인이 자신이 감당할 수 없는 어려운 상황에 처해 마지막 상황까지 갔을 때, 그래도 국가가 생존을 보장해 주는 경우와, 국가의 도움을 전혀 받지 못한 채 온전히 개인의 책임으로 전가되어 더 못 버티면 자살할 수밖에 없는 경우의 차이를. 그리고 지금 우리는 어떤 사회에 살고 있는지를.

이처럼 복지정책이 미비한 상황에서조차 '복지병' 운운하며 과도한 복지가 자칫 국가 경제력이나 경쟁력을 해칠 것을 우려하는 이들도 있다. 그러나 안철수의 복지관과 그에 따른 복지정책은 이러한 걱정에서도 한발 빗겨서 있다. 단순히 '소비되는 복지'가 아니라 '수평적 나눔'의 복지이며, 수혜자가 끝까지 수혜자로 머무는 것이 아니라 미래에 자신 또한 사회에 기부자가 될 수 있도록 하는 '생산적'이고 '가치 선순환'적인 복지이기 때문이다.

위험 감수를 넘어
위험 관리로

차기 정권을 누가 맡든 관계없이 한국 경제는 철저한 '위험 관리 (Risk management)' 시스템으로 가야 하는 것이 거의 확정적일 것이다. 현재 글로벌 경제의 흐름이 그렇기 때문이다. 우연일 수도 있으나 안철수는 이러한 흐름에 준비된 이라고 할 수 있다. 1997년 IMF 환란이 오기 전부터 그는 위기(리스크)를 최소화하는 경영을 해왔으며, 저서에서는 '위험 감수'와 '위험 관리'를 기업만이 아니라 새로운 시대의 새로운 문화와 가치관의 차이로까지 논한다.

조금 현실적인 이야기를 해보자. 모두가 알다시피 지난 2007년 미국에서 발생한 서브프라임 모기지(subprime mortgage) 사태로 인해 2008년으로 이어진 미국발 금융위기의 영향이 전 세계를 뒤덮었다. 그리고 그 파급효과가 전 세계로 퍼져서, 분석가들은 현재 세계 경제가 1929년 대공황 이후 최대 위기를 맞고 있다고들 한다.

실제로 2012년 여름 현재 유럽의 그리스, 스페인 등은 구제 금융 등을 요청하는 처지에 이르렀고 이탈리아도 위험한 상황이다. 이는 유로존의 경제위기 확산으로 이어지고 있다.

한국은 어떨까? 결코 안심할 수 있는 상황은 아닐 것이다. 아니, 솔직하게 말하자면 위기상황이라 할 수 있지 않을까? 어떤 이는 IMF 때보다 더 어려운 상황이 올 수도 있다고 경고하며, 서민이 체감하는 경제현실도 이러한 우울한 전망을 뒷받침한다. 그러나 정부와 재계는 위기에 대한 적절한 대응과 관리의 모습을 전혀 보여주지 못하고 있다.

사실 차기 정권을 누가 맡든 관계없이, 한국 경제는 철저한 위험 관리 시스템으로 가야 하는 것이 거의 확정적일 것 같다. 현재 글로벌 경제의 흐름이 그렇기 때문이다. 우연일 수도 있으나 안철수는 이런 경향에 준비된 이라고 할 수 있다.

위험 관리는
새로운 문화이자 가치관

안철수는 일찍부터 우리 사회가 과거의 방법론인 '위험 감수(risk taking)'를 넘어 미래의 방법론인 '위험 관리(risk management)'의 단계로 나아가야 한다고 강조해 왔다.

실제로 안철수연구소에 재직할 당시 그는 1997년 IMF 환란이 오기 전부터 위기(리스크)를 최소화하는 경영을 해오고 있었다 한다. 그 결과 IMF 시기 수많은 회사가 쓰러지고 외국 회사의 지사들이 문을 닫았지만 안철수연구소는 건재할 수 있었다. 오히려 안철수와 안철수연구소에게는 IMF가 위기가 아닌 기회가 되었다. 안철수의 회고에 따르면, 그는 최소 5년 정도 있어야 외환위기가 극복될 것이라 예상하고 자신이 할 수 있는 일은 '준비'라 생각했다. 그래서 내부적으로 연구개발(R&D)에 투자하며, 인사 시스템을 만들고, 외부적으로는 채널망을 통해서 협력업체를 많이 만들면서 1998년 1년을 보냈다. 그리고 1년 후, 마침내 기회(1999년 체르노빌 바이러스 사건)가 찾아왔고 회사는 급성장한다. (2003년에도 회사에 위기가 왔지만 그것 역시 잘 이겨냈다.)

안철수가 저서나 강연, 인터뷰 등에서 말하는 위험 관리는 단순히 기업 경영이나 사업 환경에 제한되는 것이 아니다. 그가 위험 감수를 넘어 위험 관리를 강조하는 것은 훨씬 더 넓은 범위의 이야기로서, 그는 이 2가지를 한국 사회가 지금 같이 국민소득 2만 불 시대에 계속 머무르며 앞으로도 계속 이 상태에 잡혀 있을 것이냐 아니면 3만 불 시대로 확실하게 넘어갈 것이냐를 운명 지을 요소로 본다.

2004년도에 쓴 책 ≪CEO 안철수, 지금 우리에게 필요한 것은≫에서 처음 이 두 개념을 언급했을 때는 '제조업과 위험 감수' 그리고 '지식정보사업과 위험 관리'를 대비시키며 국민소득 1만 불 시대와 2만 불 시대를 구분 지어 말했었다. (2011년 현재, 1인당 국민소득은 여러 해 동안 1만 불 후반과 2만 불 초반 사이에서 정체된 수준이며 3만 불 수준으로 넘어가지 못하고 있다.) 그리고 제조업 분야에서 중국의 추격을 뿌리치기 위해서는 기존의 제조업에 부가가치를 더할 수 있는 지식정보사업이 발전이 필수적임을 강조하며, 동시에 사회 전 분야에 걸친 위험 관리 수준을 높일 것을 강력하게 주문했다.

그후 점차 본질적인 측면에서 이 2가지 요소를 이야기하기 시작했고, 위험 감수 · 위험 관리의 개념을 기업만이 아니라 다가오는 시대의 새로운 문화와 가치관의 차이로까지 설명하기에 이른다.

안철수에 따르면 위험 감수의 문화는 지난 시대의 문화이다. 전후 50여 년에 걸쳐 한국은, 서양이 몇백 년 동안 이룩한 산업적 발전을 몇십 년 만에 이루기 위해 모든 위험을 '감수'하며 나아갈 수밖에 없었다. 가진 것이 적었기에 실패가 용납되지 않았고, 그래서 항상 남들이 먼저 성공한 것을 재빨리 따라가는 추적자(패스트 팔로어, Fast Follower) 전략을 취해 왔다. 그 결과 빠른 시간 안에 지금과 같은 수준의 경제성장을 이룰 수 있었다. 그런데 성공과 함께 여러 부작용이 발생했다.

그중 하나가 실패를 용납하지 않으며 실패자들을 챙기고 관리하지 않는 문화였다. 여유가 없었기에 넘어진 자들은 그냥 놓아두고 혹은 짓밟고 계속 나아갈 수밖에 없었다. 바로 위험을 감수(taking)하는 것이다.

그러나 여기엔 큰 함정이 있다. 사회 전체로 보았을 때는 감수한 것이지만, 그 실패와 실패한 개개인들은 사실상 버려진 것이었다. 누구라도 실패자가 될 수 있으며, 실패와 위험의 경험 역시 미래를 위한 훌륭한 자산임에도 불구하고 전혀 관리되지 않았던 것이다. 실패 자체를 용납하지 않으니 미리 대비하거나 준비하는 문화도 거의 생기지 않았다. 그 결과 점점 새로운 것에 대한 도전을 하지 않게 되고, 사회적 활력은 사그라졌다. 마치 훈련 없이 임하는 전쟁처럼, 한 번 실수하면 그것으로 끝나는 사회였다 할 수 있다.

이러한 위험 감수의 문화는, 흥미롭게도 안철수가 부산대학교 강연에서 발표했던 '행복하고 살 만한 사회를 만드는 3가지 키워드' 즉 복지, 정의, 평화와 직결되는 개념이기도 하다. 앞만 바라보고 달려가는 위험 감수 사회에서는 복지도 정의도 평화도 도무지 챙길 여력이 생길 수 없는 것이다.

이에 반해 위험 관리는 새로운 시대의 문화이다. 이 문화에서 위험 혹은 실패는 더 이상 두려움의 대상이 아니다. 관리하려는 대상이고, 또 관리할 수 있는 대상이기 때문이다. 미리 준비하므로 실제 위험에 처하거나 실패할 가능성이 적어질 뿐 아니라, 실패하더라도 사회가 기본적인 뒷받침을 해주므로 타격이 크지 않다. 무엇보다 중요한 점은 실패가 용납된다는 것이다. 위험 관리 문화에서는 성공 못지않게 위험과 실패도 미래를 위한 큰 자산이 될 수 있다는 인식을 공유하기 때문이다.

안철수가 그토록 강조하는 "실리콘밸리는 실패의 요람"이라는 말도, 앞서 행한 실패와 실패자들을 잘 관리하여 실패자 본인이나 그 뒤를 따르는 사람이나 다시 같은 실패를 반복하지 않도록 하자는 취지이다. 그렇게 되면 당연히 성공률이 높아진다. 실패와 위험을 두려워하지 않기 때문에, 즉 재도전의 기회를 주기 때문에 선도자(퍼스트 무버, First mover) 전략을 취할 여유가 생긴다. 기업계에서는 수많은 신사업이 꽃필 가능성이 커지고, 문화계와 기타 여러 분야에서도 이전에 없던 도전이 이어지고 성취가 발생하기 시작한다.

이는 더 나아가 복지를 다시 생각하게 한다. 앞서도 말했듯, 안철수가 말하는 복지란 '사회 안전망'을 적극적으로 구축하여, 다시 말해 '위험 관리' 시스템을 잘 구축하여 개인이 실패하더라도(위험에 빠지더라도) 언제든 다시 재도전할 수 있도록 뒷받침해 주는 복지이다. 이러한 시스템이 있다면 불안과 안정희구의 마음에 사로잡히지 않고 새로운 시도와 도전을 할 수 있다. 이것은 경제발전과 직결되는 문제이기도 하다. 대표

적인 예로, 이러한 위험 관리 시스템(사회 안전망)이 잘 구축
된 핀란드의 경우 전체 성공한 사업가의 70%가 당대에 본인
이 자수성가한 경우라고 한다.

　이제 계속되는 이야기에서는 '경제 민주화와 정의' 외에도
안철수가 우리 사회를 위해 무엇을 할 수 있을지, 그가 직접
말하고 보여준 모습들을 통해 가늠해보고자 한다.

새로운 자본주의의
가능성을 향해

1995년 안철수연구소를 설립하기 전부터 안철수가 일종의 '원형적 사회적 기업'을 생각하고 있었다는 것은 이미 이야기했다. 당시 국내에서는 사회적 기업(Social Enterprise)이라는 개념 자체가 생소했다. 그의 목표는 사적 이익 등에 영향받지 않고 사람들에게 무료로 백신 프로그램을 제공할 수 있는 공익적 기관의 설립이었다. 어려운 과정을 거쳐 정식 공익기관이 아닌 사적 회사의 형식으로 안철수연구소를 세우기는 했으나 그가 애초 가졌던 기업의 사회적 책임에 대한 기본철학은 변함없었다. 2012년, 대기업(재벌) 중심의 왜곡된 기업 생태계가 한국 사회의 발목을 잡고 있는 현재, 안철수가 말하는 "기업 자체뿐 아니라 그 기업을 둘러싼 여러 이해관계자, 그리고 지구 환경과의 조화까지 고려"하는 광의의 사회적 기업과 새 시대의 기업가정신이 필요한 때다.

앞서도 잠깐 언급했지만, 안철수는 사회적 기업이라는 개념 자체가 국내에선 거의 생소하던 1995년에 안철수연구소를 설립하면서 일종의 '원형적 사회적 기업'을 생각하고 있었다. 안철수가 강연에서 이와 관련된 기업가 정신(사회적 기업가)에 관해 이야기한 부분을 보자.

도전과 혁신 외에 기업가정신의 본질로 몇 가지 보탠다면 △사회적 책임 의식 △사람들의 삶에 혜택을 줄 수 있는 새로운 것을 만들겠다는 마음가짐 △급변하는 트렌드를 앞서 읽는 통찰력과 비전이다.

사회적 책임 의식 측면에서 보면 '사회적 기업가'가 존재할 수 있다. 전통적으로 기업가들이 자사의 수익만 추구했다면, 사회적 기업가는 기업 자체뿐 아니라 그 기업을 둘러싼 여러 이해관계자, 그리고 지구 환경과의 조화까지 고려한다. 따라서 사회적 기업가는 난이도가 높을 수밖에 없다. 사회적 기업을 하면 국가에서 인건비 보조를 받을 수 있고, 창업이 쉽다고 여겨 뛰어드는 일이 많다. 하지만 난이도가 높아서 도전하기에 힘들다. 우리나라의 사회적 벤처기업 제1호가 '안철수연구소'라고 생각한다. 사회적 벤처기업을 하다 보니 난이도가 높았고, 고생도 많이 했다.

[한겨레] 2011. 4.30

아래 글은 회사가 성공적으로 운영되고 있던 2005년, 경영에 대한 더 깊은 공부를 위해 유학을 결심하고 회사 대표를 사임하면서 쓴 퇴임사의 일부분이다. 그가 10년간 회사를 경영하며 이루려고 노력했던 3가지 목표를 쓴 것이다. 퇴임사 원문의 해당 부분을 먼저 보고, 그가 이후 강연에서 퇴임사에 관해 직접 설명한 부분을 읽어보도록 하자.

퇴임사 원문 | 첫째로 한국에서도 소프트웨어 사업으로 자리를 잡을 수 있는 워킹 모델(working model)을 만들어보고 싶었습니다. 지식정보의 가치가 인정받지 못하고 왜곡된 시장구조의 척박한 토양 하에서도 다음 세대를 위한 한 가닥 희망의 빛이라도 남겨놓고 싶었습니다.

둘째로 현재 한국의 경제 구조 하에서 정직하게 사업을 하더라도 자리를 잡을 수 있다는 것을 증명해보고자 노력해왔습니다. 투명경영, 윤리경영이 장기적으로 더 큰 힘이 되는 사례를 만들어 보고 싶었습니다.

셋째로 공익과 이윤추구가 서로 상반된 것이 아니라, 양립할 수 있다는 것을 보여드리고 싶었습니다.

본인의 설명 | 첫째 사항은 무료 SW로 사업에 성공한 기업은 외국에도 드물다는 점에서 의미 있는 성과이다. 셋째 공익과 이윤의 동시 추구는 요즘 말하는 소셜 벤처의 개념과 유사하

다. 15년 전에 그런 것을 이루려고 노력한 것이다. 인터넷 대란 시 사람 파견하고 보상도 없이 막았다. 애써 막아주면 연말에 외국 백신을 산다. 안철수연구소는 공공에서가 아니라 민간에서 대부분 매출이 나온다. 정직하게 사업해도 살아남을 수 있는 선례라는 점은 지금도 유효하다. 그런 것들이 존경받는 기업 10위 안에 항상 들어가는 데 힘이 된다.

'사회적 기업'이라는 개념이 한국 사회에 알려지기 시작한 것은 최근 몇 년 동안의 일이다. 서구사회에서는 오래전부터 알려지고 많은 활동이 있지만 한국 사회는 아직 그 초창기라 할 수 있다. 유럽과 미국에서는 1970년대부터 사회적 가치 추구와 성과중심 경영을 접목하여 운영되고 있다. 수익만을 목적으로 하는 기업과는 달리 취약 계층에게 일자리나 사회 서비스를 제공하는 것이 목적이고, 이를 통해 취약 계층을 지원하되 지속적인 성과 중심의 기업식 경영을 하는 것이 공공부문의 자활사업과 다른 점이다.

2008년의 미국발 금융위기, 그리고 연관되어 발행한 최근의 유럽발 금융위기(재정위기)로 전 세계 경제가 불황의 그늘에서 쉽게 벗어나지 못하고 있다. 굳이 복잡하고 상세한 분석으로 들어가지 않더라도, 최근의 세계적 경제위기는 현재 자본주의 시스템 안에서 발생할 수밖에 없는 내외적 모순의 결과라 볼 수 있다. 특히 수익에 대한 탐욕으로 중장기적 문제를 고려하지 않고 단기적인 이익만을 쫓아 움직이는 기업(특히 금융 기업)들의 자성과 외적 규제가 필요하다는 목소리가 높다. 더불어 전 세계적으로 '새로운 자본주의의 가능성'을 찾고 있는 시기이기도 하다.

다음은 새로운 자본주의와 관련되어 주주 중심 경영과 이해 관계자 중심 경영의 차이를 설명한 안철수의 말이다.

기업은 장기 존속을 위해 사회적 책임을 다해야 한다. 주주 중심 경영이 극단적으로 표출되면 불량식품을 만들어 파는 회사가 된다. 많은 수익을 내고 주주에게는 보탬이 되지만, 사회의 많은 사람들에게는 건강을 해치는 나쁜 존재, 즉 범죄 집단이 되는 것이다. 그런 식으로 빠지지 않으려면 이해관계 자를 생각하는 경영이 정착돼야 한다. 안철수연구소는 지금 까지 이를 행동으로 보여줬다. 말은 아무 소용이 없다. 우리 가 주주가치 극대화를 표방했다면 일반인에게 백신을 무료 로 배포하지 않았을 것이다. 국가적인 '인터넷 대란'이 발생 했을 때 우리 연구소 직원들이 전부 공공기관에 파견돼 방어 하는 데 투입됐는데, 인건비를 한 푼도 못 받았다. 사실은 인 건비를 줘야 하는데 예산 편성이 안 됐다는 이유로 공공기관 에서 인건비를 안 주더라. 철저하게 주주 중심 경영을 했다면, 직원들은 안 보냈어야 한다.

[한겨레] 2011. 4.30

물론 위 내용 자체는 자본주의 시스템에서 고려해야 할 많은 문제 중 한 가지를 이야기한 것이고, 미국식 자본주의와 유럽식 자본주의의 차이로 간단히 정리할 수 있는 부분이기도 하다. 하지만 핵심은 그 안에 깔려 있는 근본적인 기업·경영 철학이다.

모든 기업은
광의의 사회적 기업이 되어야 한다

다시 그의 퇴임사까지를 아울러 생각해보자. 일반 기업체를 운영하면서 첫째, 그 해당분야에서의 성공은 당연한 기본 목표이다. 그에 추가하여 둘째, 정직하게 사업을 해서 성공하고 셋째, 공익과 이윤의 양립까지 포함되었을 때 그 기업은 광의의 사회적 기업으로 여겨질만 하다. 어떤 사업이든 이러한 철학을 흔들리지 않는 경영철학으로 삼는다면, 그 기업체야말로 진정한 의미의 사회적 기업이 될 것이고 그 CEO는 진정한 사회적 기업가가 되는 것이다.

물론 자신의 영역에서 최선의 결과를 만들어내는 것만으로 소비자도 혜택을 받고 회사도 성공한다면 기업 본연의 목표를 잘 이뤄낸 것이라 해도 무방하다. 그 기업의 성공이 사회나 그 구성원, 기타 어떤 대상에 특별히 해를 끼치거나 고통을 주는 것이 아니라면 말이다. 첫째와 둘째 조건의 충족이다. 이렇게 만 되어도 넓은 의미의 사회적 기업이라 할 수 있을 것이다.

일례로, 고 스티브 잡스는 마이크로소프트의 빌 게이츠가 은퇴 후에 하고 있듯이 구체적인 공익재단을 세우거나 혹은 큰 기부행위 등을 하지는 않았다. 하지만 잡스가 이룩해 놓은 수평적 IT 생태계는 애플 자신과 많은 '서드 파티'들, 그리고 무엇보다도 소비자들을 행복하게 만들어 주고 있다. 더불어 아이폰을 통한 새로운 스마트 세계의 창조는 긍정적 의미에서 혁신적 사회 변화를 계속 만들어내는 시작점이 되었다. 우선 은 이것만으로도 충분하다고 봐야 한다.

그리고 여기에서 더 나아가 세 번째 조건 즉, 의도적이고 의욕적으로 기업의 사회적 책임을 생각한다면 더 말할 나위 없이 좋을 것이다.

안철수는 꾸준히 기업의 '사회적 기업' 화에 대한 이야기를 해 왔다. 자사의 수익만 추구하는 것이 아니라 그 기업을 둘러싼 여러 이해관계자, 그리고 지구 환경과의 조화까지 고려하는 기업과 그 기업을 운영하는 이의 기업가 정신을 말해왔다. 안철수 본인도 그렇게 하는 것은 난이도도 상당히 높으며 결코 쉬운 일은 아니라고 한다.

오늘날 전 세계 자본주의가 경험하고 있는 고통스러운 경제 위기는 현 시스템이 스스로 만들어 낸 측면이 다분히 크다. 그 출발은 과도하게 '자사의 이익만 추구'하는 그릇된 기업가 정신에서 시작됐다고 할 수 있다. "수익은 회사와 회사가 속한 사회를 위해 최선의 기업활동을 할 때 결과적(부수적)으로 생기는 것이지 기업활동의 본래 목적은 아니다"라는 것은 안철수와 피터 드러커가 각자 스스로 찾아냈던 답이었다.

새로운 자본주의에 대한 답이 꼭 외국의 유명 학자나 외국의 이론에만 있는 것은 아니다. 우리 스스로도 얼마든지 찾아내고 만들어낼 수 있으며 안철수는 이미 그 본보기를 보여주었다. 만약 우리 안에 기꺼이 따를 모델이 있다면 굳이 망설일 이유가 무엇이 있을까.

권위를 넘어
수평으로

안철수는 공공연히 국내 대기업의 수직적 리더십과, 대기업 위주의 경직된 산업생태계를 비판해왔다. CEO 시절 직원들과도 '동료' 관계를 유지했다는 일화에서도 알 수 있듯, 그가 추구하는 리더십은 수평적인 리더십이며, 한 쪽이 다른 한쪽을 지배하거나 억압하는 리더십이 아니라 서로가 서로의 손을 잡아주는 리더십이다. 안철수는 이러한 리더십이야말로 더 이상 권위가 통하지 않는 21세기 대한민국에 필요함을 보여준다. 아울러 참여와 공유의 의미가 더욱 중요해지는 세계적 흐름에도 적절한 리더십이다.

안철수의 리더십은 전형적인 평화주의자적 리더십으로서, 다른 말로 하면 '배려와 수평적 네트워크의 리더십'이라 할 수 있다. 안철수는 어린 시절부터 어머니로부터 존칭의 말을 들으면서 타인에 대한 배려를 교육받았다고도 한다. 평화주의자적 천성과 부모님의 훌륭한 가정교육이 어우러져 더욱 상승

작용을 했다고 여겨진다. 심지어 장교(군의관)로 간 군대에서
도 사병들에게 반말을 하기 힘들어했고, 회사를 운영할 때도
직원들과 동료 관계를 유지한 일화는 유명하다.

안철수의 수평적 리더십은 그가 강조하는 "I may be
wrong(내가 틀릴 수도 있다)"의 자세에서도 드러난다. 그것
은 우유부단이나 자신감 없음에서 나오는 것이 아니라 오히려
강력한 자신감에서 나오는 것이다.

리더십과 관련된 안철수의 발언들을 살펴보면 특히 애플사
와 미국을 중심으로 한 스마트폰 · 소셜 네트워크 업체들, 예
를 들면 징가 · 페이스북 · 그루폰 · 트위터 같은 기업들의 등
장과 수평적 리더십을 연결시켜 이야기하는 것을 알 수 있다.
그 중에서도 애플사의 IT생태계 조성, 플랫폼 정책을 중심으
로 새로운 관계와 새로운 리더십에 대해 강조하며, 과거의 '갑
과 을'의 관계가 아닌 새로운 협력 관계인 '서드 파티'로 나아
가야 한다고 주장한다. 고용된 것이 아님에도 전체 생태계와
플랫폼을 위해 일하며 그것이 결국 자기 자신을 위한 일이 되
는 관계라 할 수 있겠다. 즉, 강요가 아닌 자발적 선택이다.

잡스는 비록 개인적으로는 혹평을 받은 부분이 있었지만,
기업 생태계와 비즈니스 모델에 있어서는 멋진 '수평적 생태
계'를 만들어 냈다. 이를 예로 들며 안철수는 국내 대기업의
경직되고 불공평하며 불합리한 '수직적 리더십과 관계'를 강

하게 비판했다. 대기업이 미워서가 아니라 더 이상 그 모델로
는 앞으로 나아갈 수가 없는 시대가 되었기 때문이다. 안철수
는 얼마 정도 기간까지는 대기업들도 버틸 수 있겠지만, 먼저
중소기업들과 서민이 죽어나갈 것이며 결국 대기업들마저 망
할 수밖에 없다는 사실에 대한 통찰을 가지고 있다. 그만이 아
니라 여러 경제 전문가들도 같은 견해를 표시한다. 안철수에
따르면, 여전히 국내 대기업과 정부는 이러한 통찰 없이 계속
과거의 잘못된 방법들에 기대고 있는데, 안타깝게도 몰라서
그런 것이고 또 알면서도 굳어진 습관을 바꾸지 못하기에 그
런 것이다.

물론 변화는 결코 간단하지 않다. 사람이 기존의 행동방식
을 바꾸기 힘들 듯 기업 또한 그렇다. 배를 타는 선원들이 흔
들리는 배 안에서 몇 개월을 지내다 마침내 육지에 내리면 마
치 땅이 흔들리는 듯해서 무척 힘들어 한다고 한다. 또 위아래
가 거꾸로 보이는 안경을 쓰고 일주일 정도 생활하면, 처음에
는 힘들어하다가도 며칠 내로 익숙해져 잘 다니게 되는데 그
러다가 그 안경을 벗고 다시 위아래 정상인 상태로 가면 이젠
오히려 그것이 또 힘들다고 한다. 자신을 변화시키기란 그토
록 어려운 것이다.

정체되지 않는
리더십

이와 관련해 안철수의 경험을 들어보자. 처음 안철수연구소를 창업할 때는 1명의 사원으로 시작했지만 그 수가 30~50명이 되고 다시 100명 이상으로 늘어나자 문제가 발생했다고 한다. 회사 규모가 커지고 직원의 수가 단계별로 늘어나면서 기껏 익숙해진 리더십의 형태와 내용을 바꾸어야 하는 과정이 반복되었던 것이다. 안철수는 그 과정이 정말 힘들었다고 회고했다. 하지만 해도 되고 안 해도 되는 변화가 아니라 '생존을 위한 필수적 변화'였기에 결국 매번 그 변화를 이루어냈다는 것이다. 만약 기존의 편안함과 익숙함에 젖어 변화를 거부한다면 안철수연구소는 과연 어떻게 되었을까? 비슷한 상황에 처한 기업이나 개인이 만약 변화에 저항한다면 그 미래는 또 어떻게 될까?

또한 안철수는 자신이 선택한 분야에서 성공을 거둔 후, 전혀 다른 분야를 다시 선택하고, 다시 그 분야에서 성공하는 과정을 계속 밟아왔다. 평화주의자 유형으로서 한 번 정하면 좀처럼 바꾸지 않는 그였지만, 또 바꾸어야 할 때는 완전히 과감하게 바꿀 수 있는 결단력이 동시에 있는 것이다.

저서 ≪CEO 안철수, 영혼이 있는 승부≫에는 안철수가 자신의 리더십 변화 과정에 대해 진솔하게 쓴 부분이 나온다. 그가 자신도 리더십을 가질 수 있겠구나 하고 처음 인식한 것은 안철수연구소 운영 초기 펜실베이니아 대학교에서 리더십 과정을 수강했을 때라고 한다. 거기서 그는 외향적이고 카리스마가 강한 사람만이 리더십을 가질 수 있는 것이 아님을 배운다. 사람을 성격에 따라 16가지 타입으로 나누는데, 각 성격 모두가 저마다의 리더십을 발휘할 수 있으며 단지 자기 성격에 맞춰 알맞은 방법을 찾는 것이 문제라는 것이었다. 본질적인 것은 성격이 아니라 그 사람의 인간적인 면과 능력이라는 것이다.

안철수는 회사 직원이 100명 이상이 될 즈음 자신이 실무형 리더에서 전략적 리더로 변화해야 하는데 잘되지 않는다고 느꼈다 한다. 그러면서 스스로 변화시켜 나갔다. 그런데 놀랍게도 그 무렵부터 회사 사람들이 자신을 믿고 따라오는 것이 보였다는 것이다. 본래 선두에 나서는 것을 싫어하고 같이 가는 스타일인데, 의도치 않게 앞에 서는 것이 자연스러워진 것이다. 이전에는 어떤 비전을 제시하면 직원들을 한참 설득해야 하는 상황이 벌어지곤 했지만, 시간이 갈수록 자신이 확신을 가지고 무엇을 제시하면 믿고 따라오는 분위기가 형성되었다 한다. 어느 순간부터 직원들 사이에 안철수의 리더십에 대한 강한 신뢰와 믿음이 생긴 것이다. 안철수 본인은 생각을 많이 한 후에 결정을 내리기에 실수가 상대적으로 적어서 그렇다고 분석하지만 꼭 그것만이 전부는 아닐 것이다.

지금은 고인이 된 스티브 잡스와 관련하여 흥미로운 이야기가 있다. 잡스는 처음부터 카리스마 넘치게 직원들을 조절했던 유형이다. 그의 공식 전기를 보면, 잡스의 그런 특징을 사람들은 '현실 왜곡장(Reality Distortion Field)'이라 불렀다한다. 가령 이런 식이다. 잡스가 뭔가 자신이 생각하고 있는 일을 직원들에게 설득한다. 그 일은 무척 어려운 일이고 또 때론 거의 가능할 것 같지 않은 일이기도 하다. 그런데 잡스의 이야기를 듣고 있으면 어느샌가 그 일이 진짜 될 것 같고 가능할 것 같다는 생각이 들기 시작한다는 것이다. 현실 왜곡장이 만들어진 것이다. 더 재미있는 것은, 잡스가 이야기를 마치고 가면 잠시 후에 다시 본래 정신으로 돌아와서 스스로 놀란다는 것이다. '어떻게 그런 일이 가능하다고 생각을 했지?'라면서. 직원들뿐만이 아니라 잡스를 만났던 많은 사람이 한 번씩은 경험한 일이었다고 한다.

실제 잡스는 그렇게 자신의 영감과 확신을 수많은 직원에게 전달했던 것이다. 그럼으로써 많은 직원이 자기도 미처 발견하지 못했던 내부의 영감과 창의성과 열정을 발휘할 수 있었다. 애플이 지금과 같은 혁신과 창의성의 상징이 된 데는 잡스의 카리스마 넘치는 '현실 왜곡장' 리더십이 큰 몫을 한 것도 같다.

잡스와 안철수는 겉으로 보기엔 완전히 상반되는 리더십을 가진 듯하다. 그러나 두 사람 모두 장시간의 설득이든 혹은 현실 왜곡장이든 각자의 방식을 통해 비전을 공유했다는 공통점이 있다. 하라면 해야 하는 상명하복식의 권위적 리더십이 아니라, 구성원에게 자신의 비전을 전달하고 그것을 마음으로 받아들이도록 최선을 다함으로써 결국 '우리의 비전'으로 승화시키는 리더십이었다. 두 사람 모두 이러한 리더십을 통해 각자의 영역에서 유례 없는 성취를 이뤄냈던 것이다.

억압하는 리더십이 아닌, 손 잡아주는 리더십이 필요한 때

안철수는 또한 저서에서 벤처기업이 생존할 방안의 하나로 2000년 이후부터 실행했던 '수평적 네트워크 모델'에 대해 설명한 바 있다. 일종의 '조인트 벤처' 형식이었다. 그는 이 모델이 벤처기업의 생존을 위한 유일한 대안은 아니겠지만 다양한 모델 중 하나를 제시해 주는 의미가 있다고 말한다. 벤처기업의 본질인 다양성에 공헌할 수 있기 때문이었다.

그것을 수평적이라고 한 것은 누가 누구를 위해 희생하는 수직적 네트워크와 다르기 때문이었다. 상호발전이라는, 철저한 수평성을 지향하는 것이었다. 연결된 각 기업은 서로의 리소스 낭비를 최소화시키며 함께 발전하는 동료회사로 존재한다. 그리면서 각 회사는 자신의 핵심역량은 지켜나가는 것이다. 이것을 안철수는 '아름다운 파트너십'이라 이야기했다. 특히 서로가 공헌한 정도를 공정하게 평가해 그에 맞는 공정한 이익배분을 할 것을 강조했다.

지금까지 살펴본 바와 같이 안철수의 수평적 리더십은 개인 대 개인 간의 관계에서, 그리고 회사 대 회사의 관계에서도 실제 적용하고 성공했던 리더십이다. 지금 한국 사회는 바로 이러한 능력 있는 수평적 리더십이 절실히 필요한 시기이다. 단지 사업분야만이 아니라 정치·문화 등 모든 영역에서 그렇다. 수평적 리더십은 지금의 시대적 상황에서 살아남기 위한 가장 뛰어난 '생존 전략'인 동시에 그 자체로 매력적인 리더십의 모델이다.

과거 수직적 리더십은 나름의 효율성과 기동성 등으로 우리 경제의 급격한 발전을 견인했다. 하지만 시대가 변하고 처한 환경과 상황이 달라짐에 따라 요구되는 리더십 또한 달라질 수밖에 없다. 이제 전후 60년을 넘어선 2012년 대한민국 사회에서, 우리에게 진정으로 필요한 리더십은 어떤 것인지 진지하게 고민하고 선택해야 할 때가 왔다.

지금 이 시대 우리에게 적절한 리더십은 당연히 수평적 리더십이다. 안철수 본인은 어떤 인터뷰에서 자신의 수평적 리더십만이 유일하고 옳은 것은 아니며 장단이 있을 수 있다고 말하기도 했다. 세월이 지나 또 다른 시대와 상황이 된다면 얼마든지 다른 유형의 리더십이 필요하게 될 것이다. 하지만 지금 필요한 것은 기존의 수직적·권위주의적 리더십을 벗어난 수평적 리더십이라 하겠다.

현시점에서 한국 사회에 평화주의자의 수평적 리더십이 필요한 것은 왜일까? 사실 우리는 아직 그러한 리더십을 제대로 가져보지 못했다. 김대중, 노무현 대통령의 민주화 정부 10여 년 동안 그러한 리더십이 발휘되기는 했으나 시대적 한계로 인해 완전하진 못했고, 또 그것이 사회 전반에 걸쳐 퍼질 정도로 성공하지 못했다. 물리적인 시간이 부족했던 것이다. 그리고 그 이후의 정부와 사회는 다시 과거의 권위적이고 수직적인 리더십으로 돌아간 상태이다.

투표와 정치성향도 세대별로 뚜렷하게 갈려서, 20~40대에 걸친 세대들은 새로운 수평적 리더십을 갈망하고 또 적극적으로 지지하나 50~60대 이상의 세대들은 여전히 과거의 수직적 리더십을 바란다. 그러나 미래의 흐름을 거스를 수는 없는 것이다. 인간이 계절의 변화를 막거나 거스를 수 없듯이 시대와 인간 집단의식의 변화 또한 막을 수 없다.

만약 계속 인위적으로 고집과 집착으로 익숙한 과거에 전착하려 한다면 결국 도태되거나 그에 상응하는 고통의 미래를 맞이할 수밖에 없다. 조금 식상한 메타포이지만, 여름이 오는데 두꺼운 겨울옷을 그대로 입고 있거나 혹은 겨울이 오는데 얇은 여름옷을 그대로 입고서 각 계절을 맞이한다고 생각해보면 이것이 얼마나 어리석은 일인지 알 수 있다.

한쪽 경향으로 쏠리는 리더십, 소수 기득권층과 그 기득권층은 아니더라도 심리적으로 그들에게 동조되어 버린 이들만을 위한 리더십을 펼친다면 5년, 10년 뒤의 한국 사회는 말할 것도 없이 심각하게 퇴행된 상태가 될 것이다.

지금 우리에게 필요한 것은 과거의 수직적 리더십이 아니라, 수평적 생태계를 구축할 수 있고 모두가 다 같이 살 수 있게 만드는 수평적 리더십이다. 리더 개인의 성향도 그러해야 하겠지만, 그보다 더 중요한 것은 그러한 사회 구조를 구축할 수 있는 비전과 실제 능력이다.

조화와 통합의 리더십

> 이제 해묵은 대립을 넘어서, 사회구조적 문제의 근본적 원인을 치유함으로써 사회 전체가 조화와 통합을 이룰 때이다. 그러기 위해서 먼저 과거의 상처와 오염을 치료하고 청소하는 한편, 우리 시야와 의식의 초점은 '미래'를 향해 있어야 한다. 이것이 바로 오늘날 한국 사회가 당면한 진정한 조화와 통합의 문제이며, 치료자 본능을 겸비한 평화주의적 리더십은 이에 대한 방안이 될 수 있다.

　지금 이 지구상에 진정으로 필요한 영웅은 누구일까? 진정으로 필요한 리더, 진실하게 요구되는 지도자는 누구일까? 여기서 말하는 영웅은 흔히 상상하는 "내가 영웅이다. 나를 따르라!"고 외치는 구시대의 영웅이 아니다. 시대가 필요로 하는 자격과 능력을 가지고 있어서 저절로 그 자리에 서게 된 영웅을 말하는 것이다. 만약 그가 죽거나 자격이 없어지거나 능력이 떨어지면 가장 가까이에 있는 자격 있는 다른 이가 영웅이 된다. 즉, 이 영웅론의 관점에서 '영웅 개인'은 없다. 단지 시대에 의해 쓰여지는 도구일 뿐이다. 그가 없더라도 시대는 언제든 다른 영웅을 또 사용할 수 있다. 앞서도 언급했듯, 이것은 안철수가 자주 표현하는 영웅론이기도 하다.

2012년 대한민국, 한국 사회를 이끌 가장 적절한 리더는 누구이며 어떤 유형일까? 정말 궁금하지 않은가?

가장 정답에 가까운 말은, 이제 이 나라와 이 사회는 통합과 화합의 명인, 조화와 화합의 대가가 이끌어야 한다는 것이다. 물론 "너무 판에 박힌 답이다. 대책 없이 용서하고 화합하는 것은 답이 아니다. 그렇게 하기 때문에 계속 통한의 역사가 반복된다"는 반론이 충분히 나올 수 있다. 섣부르게 평화와 화합만을 부르짖기엔, 우리사회에는 너무나도 안타깝고 고통스러운 과거와 현실이 아직 존재하기 때문이다. 36년의 일본 강점기와 6.25 전쟁, 그리고 군사독재 기간을 거치며 쌓인 모순과 고통, 처리해야 할 과거의 흔적과 상처가 여전히 산적해 있다는 데 동의하지 않을 사람은 없을 것이다. 이념이나 정치적 요인과 관계없이 이것은 우리 모두가 처한 엄중한 실존 상황이다. 이것들을 지금과 다름없이 그대로 가지고 가면서 통합과 화합을 말한다면 그것은 마치 몸 곳곳에 치명적인 상처들이 있는데 그냥 그 위에 하얀 분칠을 잔뜩 하고 아무 일 없다고 하는 것과 같다. 당연히 이것은 진정한 통합과 화합이 될 수 없다.

그러므로 진정한 통합과 화합의 대전제는 마땅히 처리해야 할 과거의 상처와 독과 오염을 먼저 제대로 치료하고 청소하는 데 있다. 가해자와 피해자 모두를 위해서이고 또 우리의 후손들을 위해서이다.

이와 더불어 진실로 생각해 보아야 할 것은, 더는 과거 청산과 상처의 처리, 치료만이 '유일한 주제'가 될 수는 없다는 것이다. 청소와 청산과 치료는 기본적으로 해야 할 일이되, 이제 우리 시야와 의식의 초점은 '미래'에 맞춰져야 한다. 그것을 위한 유일한 길은 바로 통합과 화합이고 조화와 수용과 포용이다.

조화와 통합을 위한 소통의 리더십

안철수의 리더십에는 이 두 모습, 즉 옳지 못한 것에 대한 올바른 처리, 대응과 치료 그리고 미래를 위한 조화와 화합의 양측면이 모두 있다.

앞 장에서 우리는 안철수의 내면에 존재하는 근본적인 '공적 분노'의 증거를 살펴보았다. 그리고 그러한 분노가 최초의 컴퓨터 바이러스 백신 개발, 벤처기업의 설립과 성공, 청년들을 향한 메신저로서의 역할과 서울시장 출마에 이르기까지 어떤 결과로 이어졌는지 또한 확인했다. 이처럼 중요한 시기마다 그를 움직였던 분노와 그에 따른 행보는 안철수의 능동적인 상황 처리 능력 및 대응 능력을 보여준다. 한편, 그는 본질적으로 평화주의자이므로 본래 장점인 조화와 화합과 통합의 특성을 지니고 있다는 점에도 주목할 필요가 있다.

조화와 화합의 평화주의자적 측면은 안철수의 개인 관계뿐 아니라 CEO로서 수평적 리더십, 교수로서 학생들과 가졌던 수평적 관계, 그리고 협력회사들과의 관계 등에서 확연하게 드러난다. 그가 주장하는 여러 사회적 발언에서도 찾아볼 수 있다. 일례로 그는 "더 이상은 우파냐 좌파냐는 개념이 필요치 않으며, 대신 상식과 비상식이라는 개념이 필요하다"라 주장했다. 이념과 이념의 다양성을 거부하자는 것이 아니라 해묵은 대립을 끝내자는 취지의 이 발언은, 분열을 극복할 새로운 패러다임을 제시하며 사회적으로 큰 반향을 일으켰다.

커뮤니케이션 능력을 강조하는 것 역시 안철수의 통합, 조화, 화합의 측면을 드러내 준다. 그는 책과 강연, 인터뷰 등에서 커뮤니케이션(소통)이야말로 가장 중요한 능력임을 여러 차례 강조한 바 있다. 저서 ≪CEO 안철수, 지금 우리에게 필요한 것은≫에서 그가 사용한 커뮤니케이션 관련 글의 제목들을 보면 다음과 같다. '서로에 대한 존중과 배려', '커뮤니케이션은 인간관계의 모든 것이다', '커뮤니케이션의 양방향성', '모든 것은 협상 가능하다' 등. 제목만으로도 그가 얼마나 커뮤니케이션을 중시하며 관심을 가지고 생각하는지 알 수 있다. 특히 마지막의 '모든 것은 협상 가능하다'는, 커뮤니케이션을 단지 그 자체로 목적을 삼는 것이 아니라 조화와 화합을 이끌어 내기 위한 협상의 도구로 고려하고 있음을 보여준다.

혹자는 안철수가 일방적인 강연, 한 방향 소통의 강의 커뮤니케이션만 할 줄 안다고 비판하기도 한다. 그러나 그건 안철수를 몰라도 너무 몰라서 말한 억측이다. 안철수연구소에서 10년간 커뮤니케이션 팀장으로 근무한 박근우의 ≪안철수 He, Story≫에는 안철수의 소통과 관련된 흥미로운 이야기들이 나온다. 그 중 'CEO와의 대화'에 관해 살펴보자.

박근우의 제안으로 2003년 초부터 실시된 CEO와의 대화는, 매일 아침 8시 30분부터 팀 단위로 돌아가면서 안철수와 자유롭게 대화를 나누는 형식이었다. 대화의 주제는 다양했다. 개인적 고민은 물론, 회사 경영이나 복지에 대한 제안, 안철수 개인에 대한 궁금증 등 다양한 이야기가 오갔는데, 이때 안철수가 보여준 것은 경청과 배려의 모습이었다. 질문이나 제안은 끝까지 귀 기울여 듣고 최대한 사려 깊게 대답했다.

CEO와의 대화는 사내 인터넷으로도 가능했으며, 일대일 면담이 가능한 비공개 핫라인도 있었다고 한다. 직원들이야 한 사람의 CEO를 만나는 것이지만, 모든 직원을 만나는 반대의 입장에서는 사실 매일 비슷한 대화가 이어졌을 것이다. 그럼에도 안철수는 항상 미소와 배려를 잃지 않았다. 이렇게 2003년, 당시 300명이었던 전 직원을 만나 직접 대화를 나누었는데, 이는 직원들이 안철수의 진정성을 이해하고 깊은 신뢰를 가지는 계기가 되었다. CEO 안철수로서는 회사의 문제점을 파악하고 개선을 고민할 기회가 되었음은 물론이다.

그 결과 안철수연구소는 다소 위기를 맞았던 2003년을 무사히 넘기고, 2004년 사상 최대의 실적을 거두었다. 대한민국 소프트웨어 사상 최초로 연간 세후 순이익 100억 원을 돌파하고, 매출액도 300억 원을 넘었다. 2011년에는 국내 순수 소프트웨어 사상 최대인 수주액 매출액 기준 1,000억 원을 돌파했다고 한다. 실로 소통의 힘이라 할 수 있다. 직원들의 말을 경청하고 성실히 답한 것이, 결과적으로는 경영실적을 엄청나게 끌어올리는 기폭제가 됐던 것이다.

사회적 갈등을
푸는 열쇠

안철수가 라디오 프로그램에서 '인간적 갈등을 푸는 열쇠'란 제목하에 청소년들을 향해 전한 다음의 메시지는 서로 인정하는 커뮤니케이션에 대한 그의 철학을 잘 보여준다.

제가 CEO를 할 때 회사의 각 부서 직원들 간에 자주 다투는 것을 보았습니다. 연구개발 기술자와 마케팅 담당자 간 다툼을 보면 연구개발 기술자는 "인터넷에서 검색만 할 정도가 되면 알 수 있는 상식인데도 마케팅 담당자는 못 알아듣는 척한다"라고 얘기하고, 마케팅 담당자의 이야기는 그 반대이고요. 다 맞는 말이지만 다 틀린 말이기도 하지요. 상식이라는 것도 그 분야에서만 상식에 해당하는 경우가 많습니다. 이제는 사회가 전문화하다 보니 모든 분야의 정보를 잘 아는 것은 환상일 뿐이고 존재하지도 않습니다. 중요한 것은 상호 소통의 문제입니다. 세상에서 가장 무서운 것 중 하나가 인간적 갈등입니다. 모든 인간적 갈등에는 공통점이 하나 있는데 '갈등의 해결책은 나에게 있다'는 것입니다. 남이 아닌 내가 먼저 마음을 열고 손을 내밀 때 갈등은 눈 녹듯 사라지게 되어 있습니다.

[마음의 문을 열고] EBS / TBS, 서울시교육청 제작, 2010

'가치관에는 등수를 매길 수 없어'라는 제목의 또 다른 메시지에서는 타인과 가치관이 다르다고 해서 그것에 우열을 매길 수 없다는 내용을 전하며, 다른 가치관과 생각을 존중하는 것이야말로 '21세기 우리들의 기본 자세'라고 말한다.

우리 사회에서 가장 우려스러운 점은 흑백논리가 지배한다는 점입니다. 우리 사회가 오랫동안 권위주의 시대를 거치다 보니 내 생각을 강요하는 나쁜 악습이 남아 있습니다. 상대방을 자신의 기준에 따라 재단하고 낙인찍는 것은 사실 머리 나쁜 사람들의 사고입니다. 복잡한 세상을 단순하게 이해하려는 태도이니까요. 이러한 흑백논리의 가장 큰 문제점은 자신의 가치관만으로 남의 사고를 재단하고 그 가치관 간에 우열이 있다고 믿는 태도입니다. (중략) 모든 사람의 가치관에는 그 사람의 삶의 역사가 있습니다. 그러한 가치관을 부정하는 것은 그 사람의 삶을 송두리째 부정하는 것입니다.

[마음의 문을 열고] EBS / TBS, 서울시교육청 제작, 2010

안철수가 무조건적인 통합과 화합, 조화를 이야기하는 것은 아니다. 예를 들어, 그는 현 한국 사회의 기업 생태계를 '(대기업) 동물원'이라 표현하며 강력하게 비판한다. 그 정도로 왜곡된 상태이기 때문이다. 어떻게 보면 그는 중소기업 CEO로서 상대적인 약자의 위치에 있었다고도 볼 수 있기에, 그러한 쓴소리로 사회적 불이익을 받을 가능성도 컸다. 그러나 그는 해야 할 말이라고 생각되면 주저 없이 명확하게 표현했다.

만약 그에게 문제를 처리할 만한 권한이 쥐여진다면 컴퓨터 바이러스 백신을 개발했듯, 그 상황을 처리하고 개선하기 위해 행동에 나설 것이다. 그러나 그것은 어느 한쪽이 다른 쪽을 단죄하는 것이 아니라, 서로 인정함으로써 문제를 해소하는 방식이 되리란 것을 짐작할 수 있다.

지금 우리에게 필요한 것은 진정한 조화와 화합과 통합을 실행할 수 있는 리더십이다. 이제까지 우리는 주로 대결 구도와 대립으로 문제를 해결하려 했다. 관점에 따라 차이가 있을 수도 있지만 현 한국 사회는 분명 심각한 분열 상태이다. 기존의 기득권층과 그 지지자들은 자신들이 생각하는 구시대적 사회, 정치, 경제적 가치관을 계속 고집하며 또한 강요한다. 다른 측에 있는 진보적 정치세력과 그 지지자들은 그러한 기득권층을 치료해야 할 '병'으로 인식하기도 한다.

물론 서로에게 그러한 측면이 완전히 없는 것은 아니겠지만, 이제는 좀 더 폭넓은 시각과 관점이 필요한 때가 아닐까? 한국 사회가 아무리 내부적으로 분열되고 갈라져 있다 해도 우리는 '한 몸'이다. 치료할 수 있는데도 무조건 상처 난 팔다리를 잘라낼 일은 결코 아니다. 한국 사회에 대해서도 이러한 인식을 가지고, 불균형을 해소하고 문제의 원인을 해소함으로써 조화와 통합을 추구할 리더십이 절실히 요구되는 시기이다.

어떻게 보면 안철수의 가장 강점은 지지자들의 성향 분포라 할 것이다. 이 책에서 지지율 분석을 깊이 할 필요는 없을 것이고, 내용의 전개에 필요한 만큼만 언급한다는 것을 미리 전제로 하고 살펴보자. (수치들은 물론 대강의 것들이다. 상황에 따라 변할 수 있다.) 현재 전통적인 보수 지지층과 진보 지지층의 %는 대략 각각 고정된 35%로 볼 수 있으며, 중도층은 30%로 볼 수 있다. 안철수의 경우 주목할 대상은 두 부류이다. 첫째는 그를 지지하는 중도층들이다. 이들은 다른 후보의 경우엔 잘 움직이지 않다가 안철수를 후보로 설정하면 그를 지지하는 쪽으로 움직인다. 둘째는 보수 지지층 중에 안철수가 나오면 그를 지지하는 이들이다. 안철수가 자신의 반한나라당(지금의 새누리당) 정서를 말하기 전보다는 많이 줄었지만 그래도 여전히 무시 못할 정도로 존재한다.

다른 후보들은 가지지 못하는 이 두 지지층의 존재, 안철수에게만 존재하는 이 특이한 현상이 의미하는 바는 한국 정치사에서 아주 중요하다. 기존의 경우 아무리 괜찮은 후보가 나와도 반대 측 지지자들은 그를 무조건 심리적으로 '부정적'으로 보게 된다. 그래서 아무런 사전 정보 없이 들었다면 본인

250

들도 무난하게 지지할 만한 후보의 정책이나 가치관을 반대한다. 단순히 개인 후보만이 아니라, 정당에 대해서도 비슷하다. 전체 사회를 위해 필요한 정책들, 예를 들어 재벌 개혁이나 경제 민주화 등에 대한 일반 국민의 지지는 높으나 실제 그 정책을 실행할 정치인이나 정당에 대한 지지는 종종 낮게 나타나는 것은 그러한 이유이다. (심지어는 이념이나 가치관 등에 대해 매우 중립적인 정책에 대해서도 종종 그러하다.)

앞서도 언급했듯 안철수는 현 여당에 반대하는 입장을 분명히 한 상황이다. 이에 동조하는 측과 더불어, 중도층과 보수층 일부까지 가세한다면 안철수의 정책은 기존보다 높은 지지를 얻을 수 있다. 일종의 '국민적 통합' 상태가 되는 것이다. 결과적으로 기존에 대립과 충돌로 쉽게 진행되지 못했던 정책들이 실행될 수 있는 가능성이 커진다.

이제까지의 리더십 형태로 보건대, 안철수는 그저 가만히 앉아 사람들의 지지를 기다리는 것이 아니라 적극적인 소통을 통해 조화와 통합을 만들어나가는 리더이다. 이러한 여러 측면이 안철수가 가진 조화와 통합의 리더십, 그 가능성에 대한 기대를 품게 한다.

분열을 넘어
행복으로

본서에서 밝혔듯 안철수는 이제까지 우리가 정치계에서 거의 보지 못한 성숙한 평화주의자 유형의 인물이며, 이것을 알면 그가 보이는 신중한 행보에 대해 깊이 이해하게 된다. 자꾸만 그에게 '누구의 편이냐'를 물으며, 또 행동의 정치공학적 이유를 따지는 것은 안철수에 대한 몰이해에서 비롯된 것이다. 안철수가 진심으로 걱정하는 것은 현재 한국 사회에 각인된 '편향된 방향성'과 그로 인한 '분열'이다. 그리고 이것이 곪고 곪은 결과 우리가 맞이하게 될 '공동의 위기'이다. 안철수의 여러 발언과 기질적 성향을 통해, 우리는 그가 "누가 옳고 그르냐의 구태한 논쟁을 떠나 너와 나를 포함한 우리 모두가 실제로 더 잘 살고 행복해질 방법은 무엇이냐"에 집중하는 유형임을 알 수 있다.

제가 만약 사회에 긍정적 발전을 일으킬 수 있는 도구로만 쓰일 수 있으면 그게 정치라도 감당할 수 있습니다.

[서울대학교 강연] 2012. 3.27

2011년 이전까지 수 많은 사회 현안에 대해서 끊임없이 문제점을 지적하고 해결책을 제시해온 안철수는, 정치참여와 관련해서는 거의 언급을 하지 않았다. 2011년 초부터 인터뷰와 강연을 통해 자신의 공적인 분노를 표시하며 정치참여와 연결되는 간접적 발언들을 하기 시작한다. 하지만 사람들은 그의 발언의 깊은 부분까지 보지 못했기에 그가 여전히 그 전과 같이 정치참여에 아예 무관심한 것으로 느끼고 있었다.

그러다 마침내 그 내부의 '착한 분노'가 임계치를 넘어서자 정치참여 의사를 분명하게 밝힌다. 이후 안철수는 본인의 의사와는 무관하게 언론과 사람들에 의해 계속 대선후보로 언급되면서 일거수 일투족을 주목받고 있다.

가장 최근인 2012년 5월 부산대학교 강연에서, 안철수는 자신은 다른 정치인들과는 좀 다른 상황에 있다고 하면서 다음과 같이 말했다.

저는 좀 다른 상황인 것 같습니다. 일반적으로 정치에 뜻을 세우신 분들을 보시면 의지를 가지고 자기의 뜻을 대중에게 밝히고 찬성하는 국민들 지지를 바탕으로 행동하는 것 아닙니까? 근데 제 경우는 사회변화에 대한 열망들이 저를 통해서 분출이 된 것이라고 생각합니다. 그러니까 그걸 온전히 제 개인에 대한 지지라고 그렇게 생각하면 그건 교만이겠죠.

그래서 만약에 제가 정치를 하게 된다면 과연 그 기대, 저를 통한 그 사회적인 열망 거기에 어긋나지 않을 수 있을까? 그 질문을 스스로에게 던지는 것이 도리입니다.

그래서 지금 제가 그 과정 중에 있습니다. 그래서 만약에 정말 저에 대한 지지, 온 뜻들, 사람들이 가지고 있는 그 뜻들을 제가 파악을 하고 어떤 결정을 내리게 되면 그러면 제가 분명하게 말씀드리겠습니다. 그러므로 (다른) 누구의 입을 통해 전해지는 것은 믿지 마시기 바랍니다.

[부산대학교 강연] 2012. 5.30

안철수를 잘 모르는 여야의 정치인들과 언론인들은 이러한 태도를 '정치공학적'이니 하며 오해하지만, 그것은 본인들의 틀에서 재단한 것일 뿐이다. 본서에서 밝혔듯 안철수는 이제까지 우리 정치계에서 거의 보지 못한 성숙한 평화주의자 유형의 인물이며, 이것을 알면 그가 보여주는 여러 신중한 행보에 대해 더 깊이 이해하게 된다. (또한 그는 '건강한 성취하는 사람'의 강점도 가지고 있다.)

이제껏 안철수는 자신이 진영논리를 싫어한다고 말해 왔으며, 정치권에 대해 비판할 때도 대개 여당과 야당 모두의 잘못된 부분을 함께 언급했다. 하지만 결정적 순간에는(2011년 9월 〈오마이뉴스〉와의 인터뷰) 분명 반한나라당(현 새누리당)

의사를 표방하며 지난 시절의 잘못 치우친 경제, 정치, 사회적 가치관과 정책들에 분명한 반대 의사를 표현했다. 진영논리를 싫어한다던 그가 현 여당에 대한 반대를 밝힌 이유는 무엇일까? 항간의 말들대로 드디어 정치를 고려한 까닭일까?

필자는 안철수가 진영논리(좌파와 우파, 진보와 보수 등)에 거부감을 표현한 이유가 단순히 기계적 중립성 때문은 아니었으리라 짐작한다. 그 누구보다 많은 책을 읽으며, 끝없는 공부와 학습이 삶의 기본 모습인 그가 이념 그 자체를 거부하는 것도 아니라고 본다. 오히려 안철수는 '다양성의 인정'을 핵심 가치관으로 삼고 있는 사람이다.

그의 본뜻은 지난 수십 년간 우리 사회에 존재해온 정치 역사상의 이념 공격, 즉 주로 보수진영에서 반대 진영을 향해 일방적으로 펼쳐온 색깔론 등에 대한 거부감의 표현이었던 것으로 보인다. 선진국에서는 이미 상식에 해당되는 정책이나 생각을 이야기해도 자신들의 생각과 맞지 않으면 여지없이 빨갱이로 지칭하며 무조건 비판하는 모습을 '비상식'적이라고 할진대, 평소 비상식을 극도로 싫어하는 안철수의 모습에서 이상의 진의를 짐작할 수 있다. 또 안철수는 부산대학교 강연에서 박원순 현 서울시장에 대해서도 그렇게 이야기하는 경우가 있다면서 직접적으로 그러한 행태를 비판했다.

그러면서도 성숙한 평화주의적 관점을 사용하여, 그것이 꼭

한 측의 일방적인 문제만이 아니라 사실은 이념적으로 갈라서 있는 양측 모두에 원인이 존재하는 문제일 수 있다는 식으로 지적한 것이 '진영논리에 대한 거부감'으로 표현됐다 보인다. 무엇보다도 그러한 충돌이, 실제 사회가 변하고 사람들이 더 행복해지는 것과는 아무런 관계가 없기 때문이기도 하다.

이러한 관점에 대해 유시민은 "도덕적 위기에 봉착한 시기엔 양비론이 설 자리가 없다"고 반박하기도 했다. 이것은 충분히 이해될 수 있는데, 한국 사회의 보수는 건강한 보수(국가와 사회와 국민을 위하는)라기보다는 자신들의 계층과 집단의 사적인 이익만을 주로 추구하는 다소 왜곡된 보수라는 분석이 있기 때문이다.

하지만 반대 측에서는 그렇게 생각한다 해도 여전히 한국의 보수는 대략 국민 50%의 지지를 고정적으로 받고 있다. 아무리 진보 진영 등에서 자신들의 정당성과 당위성을 믿고 또 주장한다고 해도, 실제 전체 국민의 지지율은 현재 상태(대략 보수 35%, 진보 35%, 중도 혹은 무당파 30%)로 존재하는 것이 또한 현실이다. 더욱 본질적인 문제는, 보수와 진보 양측이 오랜 기간 자신들의 정의와 당위성을 위해 치열하게 싸웠음에도 불구하고, 결과적으로 오늘날 국민 대부분은 고통스럽고 힘든 상태에 처했다는 데 있다.

김대중 대통령의 국민의 정부, 노무현 대통령의 참여정부로 이어진 지난 10여 년의 시간 동안 등장했던 여러 정책과 비전이, 그것에 대해 반감을 가진 반대세력이 집권하며 5년 만에 완전히 반대로 되돌려지는 것을 우리는 목격했다. 현 집권세력의 반대 측 세력 및 지지자들은 자신들의 이 고통스러운 5년에 대해 이를 갈고 있다. 오는 2012년 대선에서 다시 정권교체가 일어난다 해도 다시금 절반의 분노와 반감이 여전히 존재할 것이다.

그러므로 이것은 더 이상 누가 옳고 그르냐의 문제가 아니다. 물론 이러한 과정이 무조건 문제인 것만은 아니며, 오히려 역사적 진보는 이러한 과정을 통해 계속 변증법적 정반합의 진화·발전으로 일어나는 것이기도 하다. 하지만 과정으로서의 의미와 별개로, 사회적 고통과 불행이 점점 더 심해지는 것을 이젠 더 이상 두고 볼 수 없는 것이다.

우리에게 필요한 것은 치료자적 중재자

그동안 좌우 대결의 형태로 이어져 온 '이념적 대립'은 어쩌면 무능력에 대한 핑계였는지도 모른다. 아무리 진정성 있는, 또 당위성 있는 가치관과 정치 신념, 정책이 있다 해도 그것을 실현하지 못하거나 혹은 그 실현이 실제 우리의 삶을 더 행복하게 바꾸지 못한다면 무슨 소용이 있을까?

다음은 2012년 3월에 있었던 안철수의 서울대학교 강연 내용이다.

정치는 사회문제를 풀기 위한 것이고 사회문제를 풀라고 국민들이 (정치인들에게) 소중하고 커다란 권한을 준 것인데 그걸 마치 자기들 걸로 여기고 싸운다. 보수와 진보는 서로 적으로 싸울 것이 아니라 소통하고 화합해서 사회문제를 해결하고 미래가치로 나아가야 한다.

얼마 전 어떤 분을 만났다. 그쪽 분인지 전혀 몰랐는데 말씀을 하면서 보니까 이렇게, 이렇게 하면 무슨 우리가 정권을 잡을 수 있다고 저한테 이야기했다. 그때 약간 암담해서 제가 말한 게 뭐냐면 사실 우리 사회에서 중요한 게 사회 갈등을 풀고 일자리를 창출하고 그 다음에 빈부격차를 해소하고 계층 간 이동을 하는 그게 정말로 필요한데 그런 능력 하나 없이 보수든 진보든 누가 정권을 잡았나 일반 국민들은 관심도 없다. 오히려 문제를 풀 수 있는 사람들이 그 자리에 올라가야 한다고 생각했다. (중략) 50년 동안 지금까지 살아오면서 모든 판단기준은 사회의 긍정적 변화에 보탬이 될 수 있는 것이었다. 이미 인생으로 다 증명을 했는데 억측들이 있는 걸 보면 희생의 자리여야 할 높은 자리를 욕망의 대상이라고 생각하는 것 같다.

제가 만약 정치를 안 하겠다고 선언하면 그동안 긴장했던 정치하시는 분들이 긴장 풀고 옛날로 돌아갈 것이고, 또 하겠다고 하면 그때부터 서로 싸우고 공격할 텐데 그러면 사회에 긍정적인 역할을 못하겠다는 판단을 했다. 이 자리에 서 있으면서 양쪽을 끊임없이 자극해서 쇄신의 노력을 다하게 만드는 게 제 진심이다.

정말 어쩌면 이것은 가치관과 신념의 문제 이전에 능력의 문제일지 모른다. 물론 능력 제일주의의 천박한 몰가치적 관점을 말하는 것은 절대 아니다. 그런 관점은 오히려 우리 모두를 고통의 상황으로 끌고 갈 수 있는 아주 위험한 것이다. 여기서 진짜 말하고자 하는 것은 제대로 된 가치관과 신념에 더해서 그것을 실현할 수 있는 '실제 실행 능력'이 더해져야 한다는 것이다. 이때 능력이란, 자신의 가치관이나 신념을 무조건 강하게 밀어붙일 수 있는 그런 능력과는 별개이다. (우리는 이미 그러한 사례를 보았으며 그렇게 할 때 결국 국가와 국민 전체가 고통에 빠지게 될 뿐이라는 것을 이제 안다.)

하지만 이 부분에도 역시 한국적 현실이라는 큰 턱이 존재한다. 제대로 된 정책을 펼쳐나가려 해도 상대 진영 측에서 애초에 그러한 입법 혹은 입법 후의 실행을 방해하는 것이다.

더구나 말도 안 되는 이념적 낙인을 찍으면서까지 말이다. 그래서 고통스러운 현실을 바꿀 수 있을 정책들이 반대 측의 무조건적인 반대 때문에 제대로 진행조차 되지 못해왔던 것이 우리의 정치현실이다.

이와 관련해, 안철수가 자주 제시했던 '전쟁과 정치의 공통점과 차이점' 이야기가 이에 대한 하나의 답이 될 수 있다. 정치와 전쟁의 공통점은 모두 '적'이 존재한다는 것이다. 차이점은, 전쟁에서는 그 적을 결코 믿을 수 없고(믿으면 죽으니까) 정치에서는 그 적을 믿을 수 있다는 이야기이다. 혹자는 이러한 비유가 한국 정치의 현실을 모르는 무척 순진한 관점이라고도 비판한다. 그러나 순진한 것과 지혜로운 것(혹은 성숙한 것)은 명백히 다르다.

정치에서 적을 믿을 수 있다는 것은, 상대 측을 어린아이처럼 무조건 믿는다는 말이 아니다. 또 빤한 속임수나 정략을 보고도 못 본 척 속아 넘어가거나 뒤통수를 맞으라는 뜻도 아니다. 여기서 말하는 '믿음과 신뢰'는 공동의 목표에 대한 것이다. 상대 진영이든 우리 진영이든 결국 국민과 사회, 나라 전체를 보다 행복하게 만들고 잘 살게 하려는 것이 양측의 진정한 목표임을 신뢰한다는 것이다.

정당이나 정치 세력이 서로 다른 정강·정책을 가진다는 것은, 국민과 사회와 국가를 잘 되게 하는 방법론이 다를 뿐이라고 볼 수 있다. 때로 이러한 다름으로 숱한 논쟁과 격한 다툼이 있을 수도 있다. 이것은 세계 모든 나라 정치계의 공통된 현상일 것이다. 하지만 한국 정치계의 문제는, 정치적인 적을 마치 전쟁에서의 적처럼 여긴다는 데 있다. 그게 현실이기 때문이라고? 맞다, 현실이다. 그러나 그렇다면 그 끝은 과연 어디일까? 이렇게 쓰면서도 마음이 답답한 것은, 전후 60여 년의 시간 동안 한국 사회에 너무 깊게 각인된 '편향된 방향성'의 문제가 여전히 존재하기 때문이다. 그것이 곪을 대로 곪아서 이제 이대로 간다면 정말 무슨 일이 일어날지 걱정되기까지 하는 것이 현 상황이다. 안철수 또한 계속 이 '위기'에 대해서 경고하고 강조해 왔다.

끝없는 대립과 충돌만으로는 얻을 수 있는 것이 거의 없다. 중간의 과정이 힘들다 하더라도 할 수 있는 여력이 있는 한, 계속 통합과 화합의 흐름을 만들어야 한다. 물론 몇 번 실패할 수도 있다. 그 실패의 고통은 결코 작지 않겠지만 그래도 계속 나아가야 할 것이다.

안철수는 이에 대해서 다수결의 원칙과 민주주의의 혼동이 문제라고 이야기한다. 다수결의 원칙은 다수가 소수를 배제하고 다수의 생각대로 무조건 밀어붙이는 것이 아니라, 오히려 소수 측과의 적극적인 소통·합의 과정을 거치며 소수를 적극적으로 배려하는 것이란 주장이다.

그는 이와 관련해 먼저 소통과 통합의 과정, 즉 일종의 사회적 대타협을 이루어낸 유럽의 두 국가, 스웨덴과 독일의 예를 들어 설명한다. 흥미롭게도 두 나라의 경우가 대비가 되는데, 스웨덴은 진보당인 사민당이 장기 집권을 하며 소통과 합의의 과정을 통해 보수당인 야당과 손잡고 사회적 대타협을 이루었다. 그 과정에서 양측 모두 커다란 인내가 필요했던 것은 두말할 것 없다. 독일의 경우엔 보수당인 기민당이 집권하면서 진보적인 야당들과 힘을 합쳐 지금의 복지국가를 만들어왔는데, 이 경우도 역시 극한의 대립이 아니라 소통과 합의에 의해 가능했다는 것이다.

이런 이야기를 하면 우리는 그들 나라와 많이 다르며 우리만의 힘들고 복잡한 상황이 존재한다고 말할 수도 있다. 하지만 어느 국가든 그들만의 현실적 어려움과 상황은 존재하기 마련이다. 그것이 무엇이었든 극복하고 지금의 나아진 현실을 만들었다는 데 주목해야 한다. 그리고 우리 또한, 결코 쉬운 일이 아니겠지만 그렇게 해야만 한다.

포용하면
초월할 수 있다

심리적 치유와 관련된 핵심 법칙이 하나 있다. 무엇이든 '분리한 후에 억압하면 병증이 되고, 반대로 포함한 후에 초월하면 건강해진다'는 것이다. 이른바 '분리·억압'과 '포함·초월'의 법칙이다.

싫은 것을 분리하고 억압하는 것은 쉽다. 우리의 본능이며 자연스러운 방어기제이기도 하다. 그러나 그렇게 하면 그 대상은 계속 남게 된다. 결코 저절로 사라지지 않는다. 언뜻 눈앞에선 사라진 듯해도 속에서 남아서 끊임없이 부글부글 끓는다. 그리고 부정적인 영향을 계속 준다.

그런데 이제 우리의 그 본능을 거슬러서, 그것을 품어주고 받아주기 시작하면 서서히 그것을 넘어설 수 있게 되며 어느 순간에는 완전히 초월하게 된다. 더 이상 그것에 주의와 마음이 가 있지 않기 때문이다.

이러한 변화가 일어나는 이유는 그것이 없어져서가 아니다. 품어주고 받아주며 있는 그대로 인정하고 바라봐 주기 때문에 더 이상 분리되어 있지 않으며, 결국 그것의 존재 자체가 더는 영향을 주지 않기 때문에 자연스럽게 넘어설 수 있게 된다는 법칙이다. 단, 이때 '품어주고, 받아주고, 있는 그대로 인정해주기'에 대해서는 어디까지나 올바르게 해석하고 접근해야 한다. 이것은 실존하는 현실을 무시하거나 회피, 억압한 채로 '포함'하는 것이 아니다. 더 큰 지혜와 용기를 가지고 현실과 마주함으로써 포함하고 초월해야 하는 것이다.

사실 이러한 접근을 이야기하면 많은 사람이 거부감을 느끼고는 한다. '왜 내가 원하지도 않고, 또 틀리고 나쁜 것이 분명한 것을 받아주고 인정해줘야 하는가?'라는 근본적인 의문이 강하게 솟아오른다. 그 거부감과 의문은 정당하다. 필자가 지금 말하는 '포용(포함)'도 바로 그런 것이다. 즉, 상대가 옳기 때문에 받아주는 것이 아니며, 내가 생각하기에 틀린 것이 분명한 데 억지로 맞았다고 인정해주는 것도 아니다. 우리 모두 인간일진대 그것은 불가능하다.

대신 이렇게 해보는 것이다. "너의 생각과 행동에 나는 반대해. 하지만 너의 입장이라면 그럴 순 있어." "나는 너의 생각과 행동이 틀렸다고 봐. 하지만 너와 그 생각의 '존재 자체'는 인정해 줄게." "너의 생각과 행동은 나를 불쾌하게 심지어 고통스럽게까지 만들어. 그래도 일단 그것이 너의 가치관, 신념, 믿음이니까 그 고유성은 인정해 줄게." 이것이 지금 우리에게 필요한 지혜이고 용기이다. 서로에게 이렇게 해줄 때 비로소 과거의 패턴이 깨지고, 미래가 바뀔 가능성이 열린다. 일단 이렇게 '시작'해야 한다. 그리고 차후의 적절한 행동과 대응들을 함께 만들어 나가는 것이다. 물론 그 행동은 자유다. 단, 이 시작이 없으면 그 후의 진행도 없다. 아직 대한민국은, 우리는 이 '시작'을 하지 못했다.

개인의 심리적 치유에서도 이러한 과정은 결코 쉽지 않다.

많은 경우 치료자와 피치료자 모두 깊은 소통과 공감을 바탕으로, 강한 인내심과 포기하지 않는 마음으로 함께 긴 시간을 보내야 한다. 하지만 그 시기를 견뎌내면 결국 치료될 수 있다. 개인도 그럴진대, 하물며 거대한 전체 국민의 집단의식, 사회의식은 두말할 필요 없을 것이다. 게다가 현재 한국 사회는 여러 가지 복잡한 상황에 처해 있다. 포용(포함)을 이야기하면 '무조건적인 용서는 고통스러운 한국 사회를 변화시키는 데 도움이 되지 못한다'는 반론이나, '그렇게 하고자 했으나 반대 측이 계속 파행으로 치닫는다'는 이야기가 나온다. 모두 유효한 반론이며, 분명 엄연한 현실임에 틀림없다. 그러나 마주하고 포함·초월해야 할 현실이지, 극복하지 못하거나 방치해 둘 현실은 아니다.

치유를 향한 과정은 어렵겠지만 결코 불가능하지 않다. 그리고 이제 우리는 그 과정을 시작해야 하는 시점에 와 있다. 과거에서 미래로 나아가는 것이다.

이제는 대립과 다툼을 끝내고 진정 '행복'을 우리의 것으로 만들 때이다. 그 길은 안철수가 말하는 '분열 너머'에 있다. 행복을 위한 길로 과감히 나아갈지 혹은 지금과 같은 자리에 머물지, 선택은 우리의 몫이다.

뒤돌아보면, 심리학과 인간의 의식 그리고 인간 자체에 대한 본격적인 관심은 중고등학교 때부터 시작되었다. 당시 정말 많은 책을 보았다. 그와 관련된 더 깊은 공부를 시작한 것은 대학생 때부터였다. 충분히 준비가 되었을 때 일로써 그리고 직업으로써 해당 분야에서 본격적인 활동을 시작했다. 그러면서 직접적으로 사람들을 만나 상담과 교육을 해 온 것은 길게 보면 10년, 짧게 보면 7년의 지난 시간이다. 그 분야는 심리학과 명상 그리고 철학이라 할 수 있다.

안철수를 알아가는 과정에선 내가 알고 있는 모든 것이 동원되었다. 그에 대한 심리학적 분석, 철학적 맥락 그리고 심지어 명상 분야까지······.

기존의 구태의연한 심리분석은 하고 싶지 않았다. 일반적인 심리분석의 최대 단점은, 누구나 어느 정도의 심리학적 지식을 가지고 자신의 '안경'에 맞추어 상대방을 분석할 수 있다는 것이다. 그런데 그건 '나의 필터'를 통해 그를 보는 것이지 실제 그를 보는 것이 아니다.

그리고 그냥 나의 생각으로 그를 분석하고 싶지도 않았다. 제법 많은 이들이 신문 등에서 안철수에 대한 자신의 견해를 썼지만 거의 대부분은 단편적인 인상 비평 수준에서 머물고 있었다. 자기 느낌대로 말하면 본인이야 만족스럽겠지만 혼자만 만족하는 그런 것은 별로 의미가 없었다.

안철수를 분석하는 데 있어 에니어그램은 2가지 측면에서 절묘한 도구였다. 안철수의 실제 성격과 거의 싱크로율 90%인 '평화주의자' 성격유형이 우선 그러했다. 흥미롭게도 에니어그램의 평화주의자 유형에 대한 설명을 읽으면 읽을수록 안철수 본인에 대한 이야기를 읽는 것 같았다. 그는 거의 그 성격유형의 표준모델이었다. 그것도 가장 성숙한 경우였다.

더 절묘한 것은 에니어그램 내에 있는 각 성격의 '통합 발전' 부분이었다. 아니, 느리고 유하기 십상인 평화주의자가 자기 계발에 열심이면서 에너지가 넘치고 일들을 능동적으로 성공시켜 나가는 '성취하는 사람'이 된다고? 그런데 실제 안철수가 그렇게 하고 있었던 것이다. 이러한 그의 숨겨진 모습을 하나하나 찾아 나가는 과정에서 느꼈던 설렘과 흥분은 마치 어린시절 소풍에서 '보물찾기'를 할 때의 그것과 같았다.

작업을 시작할 때부터 마칠 때까지 '안철수를 제대로 알고 싶고, 그리고 알리고 싶다'는 처음의 바람에는 일말의 흔들림이 없었다. 성격 유형론에 대한 사람들의 호불호 그리고 내용의 정확성에 대한 판단 등의 요소는 존재했지만, 세상에 존재하는 이론 중에 그러한 비평을 완전히 비켜갈 수 있는 것은 없다. 또 '인간 안철수와 그의 삶' 그 자체가 중심이었지 이론은 부차적인 것이었다. 우리가 이용하는 그 무엇이든, 도구로 잘 사용하되 매몰되지는 않는 삶의 자세는 여기에도 적용된다.

긴 시간 책을 쓰면서 간간이 보게 되는 안철수평(신문칼럼 등)은 나의 결심을 더 강하게 만들어 주었다. 몇 경우를 제외하고는 안철수를 '본래의 그' 그대로 읽는 경우가 드물었다. 그 평들 속에서 한국식 빨리빨리 문화는 아직도 주된 정서였다. 과정과 준비보다 결과를 중시하는 '결과/성과 중심주의'는 여전했으며, 아직도 여전히 과거의 패스트 팔로워(fast follower, 추적자) 문화와 관점에 사로잡혀 있는 모습들이 보였다. 충분히 익지도 않은 과실을 서둘러 따야 한다는 조급증도 보였다. 무엇보다 안타까운 경우는 '인간에 대한 예의'가 결여된 내용의 글들이었다. 안철수가 평화주의자적인 성격유형임을 은연중에 알고 있기에, 뭔가 만만하게 보고 함부로 쓴 글들이었지 않나 싶다. 부끄러운 일이다. 부드럽다는 것은 유약하다는 것이 아니고 또 다른 의미의 강함인데 그것을 간과한 결과였다.

안철수에 대해 흔들림 없는 지지를 보내는 대다수 일반인이 알고 있는 '그 무엇'을 왜 정작 전문가라는 사람들은 모를까?

그들이 가장 많이 놓치고 있던 것은 첫 번째, 단지 안철수의 평화주의자적인 측면의 단편들만 보고 완전히 '성숙화'한 그의 전체 모습을 간과하는 것이었다. 그래서 너무 유하다느니 결정을 너무 오래 망설인다느니 하는 단선적인 비평을 한다. 그런 부분들이 안타까웠던 이유는, 같은 패턴이지만 미성숙한 부분과 성숙한 부분이 있는데 단편적 인상 비평식이라 대부분 전자로 해석을 하기 때문이었다. 안철수가 이미 넘어선 부분들을 적용해 그를 분석하고 판단하는 것이었다.

안철수는 단지 유하기만 한 것이 아니라 최대한 인간에 대한 예의를 지키되 동시에 본인이 결단을 내리고 선택을 해야 할 때는 단호하게 하는 것이다. 또 너무 오래 망설이는 것이 아니라 타인과 세상을 위해 최선과 책임을 다하고 싶기에, 결정을 내리기 전에 내부적으로 맹렬하고 철저하게 준비하는 것이다.

두 번째, 안철수의 건강한 '성취하는 사람'의 측면들이 간과되고 있었다. 그래서 그가 삶에서 성취해 왔던 그리고 그가 미래에 성취할 수 있는 일과 가능성을 미처 보지 못하고 있었다. 그는 새로운 일을 시작하기 전에는 본인의 현재 일을 100%로 완성하는 것을 늘 목표로 삼으며, 마침내 새로운 시작을 해야할 때는 누구도 쉽사리 하지 못하는 큰 결정을 하고 그 분야로 완전히 뛰어들어 또 다시 성취해 낸다.

에니어그램에서는 9번 평화주의자 유형을 '에니어그램의 왕관'이라고 부르기도 한다. 평화주의자 유형은 에니어그램 심볼의 가장 가운데 위에 있으며 모두를 포함하는 듯 보이기 때문이다. 평화주의자는 그의 특성상 8번 '도전하는 사람'의 파워, 7번 '열정적인 사람'의 쾌활함과 도전 정신, 6번 '충실한 사람'의 헌신과 충실함, 5번 '탐구하는 사람'의 지적 측면, 4번 '낭만주의자'의 예술가적 창조성, 3번 '성취하는 사람'의 매력, 2번 '돕는 사람'의 넓은 마음, 1번 '개혁하는 사람'의 이상주의를 가질 수 있다. 물론 성숙한 평화주의자의 경우이다.

하지만 우리 모두 그렇듯이 '인간 안철수' 또한 어떤 성격유형론에서 말하는 '그 사람'인 것만은 당연히 아니다. 모든 인간은 통합적 존재이며 그 내면에 모든 유형과 특성을 다 가지고 있다. 그리고 결코 잊지 말아야 할 것은, 우리는 끝없이 진화 · 발전한다는 것이다. 안철수 또한 마찬가지이다. 여러 차례 말했지만 유형론은 도구일 뿐이다. '강을 건너고 나면 배는 강변에 놓아두고 계속 가던 길을 간다'는 유명한 비유도 있지 않은가.

여론 조사에서는 50%에 가까운 사람들이 여전히 그를 지지하며 신뢰하고 있다. 더욱 놀라운 것은 2011년 10월에 있었던 가장 최초의 조사에서부터 지금 시점의 조사까지 그 지지율은 거의 흔들림이 없다는 것이다. 비록 선명하게 이야기들은 하지 못하더라도, 사람들은 안철수에 관해 분명 뭔가 느끼고 있으며 그 신뢰는 웬만한 일에는 흔들리지 않을 정도로 강력한 것이다.

엄밀히 말해 이 책은 필자의 생각을 정리한 것이 아니다. 그렇다고 단순히 이론적으로 에니어그램이라는 성격 유형론을 사용한 결과만도 아니다. 오히려 이 책은, 지금 대한민국의 수천만 사람들이 함께 느끼고 공감하는 강력한 '어떤 것'이 필자를 통해 표현된 것이라 할 수 있다. 그것은 바로 안철수의 본래 모습에 대한 공감(공통된 느낌)이다.

"그는 한국 사회에서 굉장히 중요한 자산입니다. 결심을 신중하게 하시는 분인데, 만일 그분이 결심을 했다고 하면 그분으로서는 이번이 하늘로부터 물려받은 재능을 활용할 유일한 시기입니다."

안철수가 자신의 서울시장 출마 여부를 결정하기 전에 한 인터뷰에서 박원순 변호사(현 서울시장)에 대해 한 말이다.

이제는 우리가 안철수에 대해 해주고 싶은 말이기도 하다.

참고문헌

《에니어그램의 지혜》
돈 리처드 리소 · 러스 허드슨 지음, 한문화, 2009

《The Wisdom of the Enneagram》
Don Richard Riso · Russ Hudson 지음, Bantam, 1999

《CEO 안철수, 영혼이 있는 승부》
안철수 지음, 김영사, 2011

《CEO 안철수, 지금 우리에게 필요한 것은》
안철수 지음, 김영사, 2004

《세상에서 가장 안전한 이름, 안철수 연구소》
안철수연구소 사람들 지음, 김영사, 2010

《안철수 He, Story》
박근우 지음, 리더스북, 2012

《안철수, 경영의 원칙》
안철수 지음, 서울대학교출판문화원, 2011

《멘토의 시대》
강준만 지음, 인물과사상사, 2012

안철수의 착한 분노

초판1쇄 발행일 2012년 7월 20일 • 초판2쇄 발행일 2012년 7월 30일
지은이 이경희 • 펴낸곳 (주)도서출판 예문 • 펴낸이 이주현
기획 정도준 • 편집 김유진 · 송두나 • 디자인 김지은 • 관리 윤영조 · 문혜경
등록번호 제307-2009-48호 • 등록일 1995년 3월 22일 • 전화 02-765-2306
팩스 02-765 9306 • 주소 서울시 강북구 미아동 374-43 무송빌딩 4층
홈페이지 www.yemun.co.kr

ⓒ 2012 이경희
ISBN 978-89-5659-194-0